会社別就活ハンドブックシリーズ

2025

みずほ FG の
就活ハンドブック

就職活動研究会 編
JOB HUNTING BOOK

はじめに

　2021年春の採用から，1953年以来続いてきた，経団連（日本経済団体連合会）の加盟企業を中心にした「就活に関するさまざまな規定事項」の規定が，事実上廃止されました。それまで卒業・修了年度に入る直前の3月以降になり，面接などの選考は6月であったものが，学生と企業の双方が活動を本格化させる時期が大幅にはやまることになりました。この動きは2022年春そして2023年春へと続いております。

　また新型コロナウイルス感染者の増加を受け，新卒採用の活動に対してオンラインによる説明会や選考を導入した企業が急速に増加しました。採用環境が大きく変化したことにより，どのような場面でも対応できる柔軟性，また非接触による仕事の増加により，傾聴力というものが新たに求められるようになりました。

　『会社別就職ハンドブックシリーズ』は，いわゆる「就活生向け人気企業ランキング」を中心に，当社が独自にセレクトした上場している一流・優良企業の就活対策本です。面接で聞かれた質問にはじまり，業界の最新情報，さらには上場企業の株主向け公開情報である有価証券報告書の分析など，企業の多角的な判断・研究材料をふんだんに盛り込みました。加えて，地方の優良といわれている企業もラインナップしています。

　思い込みや憧れだけをもってやみくもに受けるのではなく，必要な情報を収集し，冷静に対象企業を分析し，エントリーシート作成やそれに続く面接試験に臨んでいただければと思います。本書が，その一助となれば幸いです。

　この本を手に取られた方が，志望企業の内定を得て，輝かしい社会人生活のスタートを切っていただけるよう，心より祈念いたします。

就職活動研究会

Contents

第1章

みずほFGの会社概況

会社によって選考方法は千差万別。面接で問われる内容や採用スケジュールもバラバラだ。採用試験ひとつとってみても，その会社の社風が表れていると言っていいだろう。ここでは募集要項や面接内容について過去の事例を収録している。

また，志望する会社を数字の面からも多角的に研究することを心がけたい。

✔ 企業理念

みずほフィナンシャルグループでは，〈みずほ〉として行うあらゆる活動の根幹をなす考え方として，基本理念・ビジョン・みずほ Value から構成される『〈みずほ〉の企業理念』を制定しています。この考え方に基づきグループが一体となって事業運営・業務推進を行うことで，お客さまと経済・社会の発展に貢献し，みなさまに＜豊かな実り＞をお届けしてまいります。

1. 基本理念：〈みずほ〉の永続的かつ企業活動の根本的な考え方

〈みずほ〉は、フェアでオープンな立場から、時代の先を読み、お客さま、経済・社会、そして社員の〈豊かな実り〉を実現する。

2. パーパス：みずほ〉の社会的な役割・存在意義

ともに挑む。ともに実る。

3. バリュー：パーパスを実現するための、目指すべき姿勢と行動軸

変化の穂先であれ。

Integrity	お客さまの立場で考え、誠心誠意行動する
Passion	強い思いを持ち、楽しく働く
Agility	迅速に決断し、実践する
Creativity	何事にも関心を持ち、創造力を磨く
Empathy	多様な意見に耳を傾け、協力する

✔ 会社データ

上場 （証券コード）	東京証券取引所プライム市場（8411） ニューヨーク証券取引所（MFG）
設立日	2003年1月8日
所在地	大手町本部（本社） 〒100-8176 東京都千代田区大手町1丁目5番5号（大手町タワー） 丸の内本部 〒100-8241 東京都千代田区丸の内1丁目3番3号（みずほ丸の内タワー）
資本金	2兆2,567億円
代表者	執行役社長　木原　正裕（きはら　まさひろ）
従業員数	2,270人 （みずほフィナンシャルグループおよび連結子会社就業者数合計51,212人） （2023年3月31日現在）
発行済株式総数	2,539,249,894株 普通株式 2,539,249,894株 （2023年9月30日現在）
流通株式数	1,820,962,400株 （2023年3月31日現在）

✔ 先輩社員の声

【基幹職（総合）／ 2005 年入社】
〈みずほ〉の持つあらゆる知見を RM としてコーディネート

私は鉄鋼や紙・パルプなど素材系の業界を担当する部署で，主に日本を代表するような大手メーカー系商社を担当しています。お客さまの企業規模が大きいため，財務や海外戦略の話のみならず，商流に関わるいくつもの業界や競合他社の動き，さらには不動産・人事・総務の話まで，多方面にわたる広い守備範囲が求められます。金融ニーズだけでも，資金調達に加え国内外における企業グループの資金効率化や為替リスクヘッジの手法提案，海外進出や国内外の M&A に関するアドバイザリーなど多様で，個々の案件対応においてはテーラーメイド化が必須です。そのためにはお客さまとの信頼関係構築はもちろん大前提ですが，私自身が先頭に立って，社内外の多くの人や部署を巻き込んで，〈みずほ〉としてお客さまのニーズにお応えするコーディネート力が大事なのです。

お客さまの潜在ニーズをとらえて Win-Win の関係を築く

世界十数カ国で 50 拠点以上の海外ネットワークを有し，海外売上高比率は約 4 割に達するグローバル企業のお客さまに対して，テーラーメイドで対応した案件があります。お客さまとは常日頃から中長期的な成長戦略についてディスカッションを行っておりましたが，その中でアメリカのシェールガス革命がお客さまにとってビジネスチャンスになり得る，と考えました。海底から算出されたシェールガスをアメリカ本土に送る過程で，鋼管などのさまざまな商材が必要になるからです。そこでまずは産業調査部米州調査チームなど〈みずほ〉の米州拠点と密に連携を取り，徹底的に市場調査を行うことにしました。調査の中で見えてきたのは，持続的成長が見込まれるアメリカのエネルギー分野の開発で必要不可欠な，油井管やラインパイプ・鋼材等の関連商材を取り扱うディストリビューター企業（商社）の買収でした。

お客さまの場合，すでにアメリカで製造・販売の拠点を複数保有していましたが，さらに事業を拡大するためにはディストリビューター網を拡大する必要がありました。アメリカ全土を網羅する流通部門を手に入れることができれば，既存の製造・販売の拠点と連動した，"完成されたサプライチェーン"を獲得することができます。また，販売面のみならず，アメリカ内外の仕入リソースも獲得できることから，既存の製造・販売拠点にとっても取り扱い商材が多品種となり，販売先のニーズにきめ細やかに対応することが可能となります。

最終的には 500 ページ以上にわたる調査報告書を作成。全役員が出席する執行役員会議の場で調査結果のプレゼンテーションを行い，アメリカのエネルギー分野の鋼管流通事業への参入が，いかにお客さまの成長戦略に資するかを提言しました。

また，買収候補先の選定にあたってはみずほ証券と連携。全世界にネットワークを有する〈みずほ〉だからこそ，アメリカの買収先企業をも提案することができるのです。

今回のプロジェクトでは買収資金のファイナンス対応まで，すべてを〈みずほ〉の総力を結集してサポートしました。2 年にも及ぶプロジェクトが終了した際にはお客さまより「この案件はわが社のことを知り尽くしていることはもちろん，エネルギー分野の動向や付随した鋼材需要，世界の経済動向を高いレベルで把握したうえでないと提案できないもの。〈みずほ〉でしか成しえないプロジェクトであり，わが社の新たな成長への大きな一歩となった」との言葉をいただきました。バンカーとしての醍醐味を感じた瞬間でした。

〈みずほ〉は上場企業の約 7 割のお客さまとお取引をいただいています。日本経済をリードする大企業を担当するためには，例えば鉄鋼業界においては，国内外の大手鉄鋼メーカーの動向はもちろんのこと，関連する自動車，造船や家電，建築業界の将来を見通したうえで，現実的な個々のニーズに応えなくてはなりません。今後も，お客さまのあらゆる切り口に対して，関係各部やグループ各社をコーディネートして真のソリューションを提供していきたいと思っています。

✔ 募集要項

掲載している情報は過去ものです。
最新の情報は各企業のHP等を確認してください。

募集者	みずほフィナンシャルグループ・みずほ銀行・みずほ信託銀行・みずほ証券・みずほリサーチ&テクノロジーズ 採用共同事業体
応募資格	2024年9月までに、四年制大学、大学院を卒業・修了（見込）の方 ※クオンツ・デジタルテクノロジーコースに限り、2024年9月までに大学院修士課程以上を修了（見込）の方
初任給	四年制大学卒：260,000円　大学院修士課程修了：280,000円 大学院博士課程修了：300,000円　（2024年4月予定）
賞与	年2回
昇給	年1回
就業場所	みずほフィナンシャルグループ・みずほ銀行・みずほ信託銀行・みずほ証券・みずほリサーチ&テクノロジーズの国内外の各拠点および本部 【受動喫煙対策】主要事業所は「屋内禁煙（屋内喫煙可能場所あり）」だが事業所により異なる
就業時間	始業時刻8時40分、終業時刻17時10分
休憩時間	60分
時間外労働	必要に応じ有り
休日	土日、祝日、年末年始　その他長期休暇制度等の有給休暇あり
加入保険	雇用保険，労災保険，健康保険，厚生年金 等
諸手当	通勤補給費全額支給，昼食費補助等
福利厚生	各種社会保険完備、持株会制度、企業主導型保育園入園サポート、ベビーシッター育児割引制度、住宅関連制度、財産形成支援制度、余暇支援制度 等

✔ 採用の流れ （出典：東洋経済新報社『就職四季報』）

エントリーの時期	【総】3月〜
採用プロセス	【総】ES提出・Web適正検査（3月〜）→面接（複数回，6月〜）→内々定（6月〜）

✔2023年の重要ニュース _(出典:日本経済新聞)

■みずほ、富裕層向け営業強化　スイス老舗金融の商品提供 (2/16)

　みずほフィナンシャルグループ（FG）は16日、スイスの富裕層向け金融大手ロンバー・オディエ・グループの日本法人ロンバー・オディエ信託と包括業務提携を結んだと発表した。同社の富裕層ビジネスのノウハウを吸収し、運用商品をみずほの顧客に提供するなどで連携を検討する。

　ロンバー・オディエは1796年の創業で、グループの預かり資産残高は約45兆円。みずほFG傘下のみずほ証券がシンガポールで2018年に現地法人と提携し、主にアジアに住む富裕層の日本人を対象に運用商品の提供などを進めてきた。

　今回はロンバー・オディエの運用商品の展開のほか、共同で富裕層向けの調査やリポートを発行したり、富裕層に特化したバンカーを育成するための研修に参加したりといった協力を想定する。

　みずほは企業経営者など資産30億円超の富裕層向けの営業を強化してきた。顧客基盤は厚い一方で、富裕層ビジネスのブランド力やノウハウの蓄積が足りないと判断し、スイスの老舗企業との提携に至ったとしている。

■みずほFGの初任給26万円、パート時給も最大2割上げ (3/1)

　金融業界で処遇改善の動きが相次ぐ。みずほフィナンシャルグループ（FG）は1日、2024年に入社する大卒の初任給を5万5000円増の26万円にすると発表した。傘下銀行などのパート社員6000人を対象に、1日から時給を最大2割上げることもわかった。大和証券グループ本社は同日、6月から総合職の初任給を1万5000円増の28万円にすると発表した。

　みずほFGは銀行と信託銀行で合同採用をしてきたが、24年度からはみずほ証券とみずほリサーチ＆テクノロジーズを含めグループ一体の採用に移行する。見直し後の初任給は5社とも26万円で、従来25万5000円だったみずほ証券も5000円の上昇となる。

　みずほ銀行とみずほ信託銀行で時給制で働く約6000人のパート社員については、職種や役割に応じて時給を6～21％引き上げる。両行の従業員組合では23年度の春季労使交渉で2.5％のベースアップを会社側に要求する方針を示していたが、正規・非正規問わず処遇改善を図る。

　大手行の初任給は10年以上20万5000円で横並びだったが、若手の給与を

他業種に見劣りしない水準にし、優秀な人材を確保する。三井住友銀行は23年度の新卒から5万円引き上げて25万5000円とする。りそな銀行と埼玉りそな銀行も1日、24年度に25万5000円に引き上げると明らかにした。三菱UFJ銀行も同時期の引き上げを検討している。

　大和証券グループ本社は6月から新卒の初任給を上げる。2年連続の引き上げで総合職は1万5000円増の28万円、コールセンターなどに勤務するカスタマーサービス職は1万円増の23万5000円になる。大和証券や大和総研に23年春に入社する約500人が対象になる。

　住友生命保険は24年4月に入社する内勤職員の初任給を最大11.9%引き上げると決めた。例えば、勤務地の固定がないコースの場合には、これまでの21万円から23万5000円にする。総合職の初任給の引き上げは16年ぶりとなる。

■みずほ、LINEバンク断念発表　サービス開始「見通せず」（3/30）

　みずほフィナンシャルグループ（FG）とLINEは30日、共同で開業を目指してきた新銀行「LINEバンク」の設立中止を決めたと発表した。両社は中止の理由を「安全・安心で利便性の高いサービス提供にはさらなる時間と追加投資が必要で、お客さまの期待に沿うサービスの提供が現時点では見通せない」と説明した。

　今後、設立準備会社の解散、清算手続きなどを進める。両社は2018年11月にそれぞれ傘下のみずほ銀行とLINEフィナンシャルが共同出資し、新銀行を設立すると発表した。直近の準備会社への出資比率はみずほが66.6%、LINEが33.4%で、議決権比率は50%ずつ。みずほの銀行業のノウハウと、広い顧客基盤を持つLINEの操作性を生かし、「親しみやすいスマホ銀行」を目指す計画だった。

　当初は20年度の開業を目指していたが、22年度をめどに2年延期していた。システム開発が難航し、21年にはみずほ銀行で相次いだシステム障害などを受けて再度システム面の品質を見直す必要が生じた。1300万を超える口座数を持つ楽天銀行をはじめ、ネット銀行がすでに顧客の争奪戦を繰り広げる環境下で競争環境も変化した。

　みずほとLINEは「LINEクレジット」で個人向けローンサービスを共同展開しており、そうした協力関係は維持するとしている。

✔2022年の重要ニュース（出典：日本経済新聞）

■みずほ木原新社長、1日就任　DX再開の難路へ（2/1）

　みずほフィナンシャルグループ（FG）は2月1日に木原正裕社長が就任し、新経営体制が発足する。2021年2月以来頻発するシステム障害で出遅れたデジタル化を進め、次世代金融への転換をめざす。システム障害で失った信頼を取り戻しつつ、成長戦略を維持する難路が待ち受ける。

　1月下旬、21年9月に予定していたインターネットバンキング「みずほダイレクト」の改修が4カ月遅れで実現した。1月17日に金融庁に改善計画を提出したみずほがようやくシステム更改の計画を再開し始めたのだ。本人確認の方法の変更や操作画面のデザイン改善など利便性の向上が主な目的で、問題が起これば顧客への影響も大きいため「不急」と判断されていた。

　みずほは21年9月に金融庁から業務改善命令で不要不急のシステム作業を避けるよう求められた。年末までの作業項目は200弱あったが、再発防止を優先し、22年1月以降に約70項目を先送りした。みずほダイレクトのほかにも、外国為替決済システムの更改などを予定していたが、作業前に追加点検をする必要があるとして延期した。1月以降滞留していた作業を順次進めていく方針だが、改善計画で掲げた再発防止策の多くは22年秋ごろを一定のめどとしており、行内には再発防止との両立を不安視する声もある。

　再開のめどが立たない作業もある。21年2月28日の障害で、ATMが止まる引き金となったデジタル口座への移行だ。一定期間記帳がない口座を、通帳を発行しないデジタル口座に自動移行する計画だったが、障害で中断。機能などの見直しをするとして無期延期となっている。「デジタル化の時代には使い勝手が命なのに利便性を高める計画が遅れているのは痛い」（メガバンク関係者）

　社長交代を機にいったんの「幕引き」としたいみずほだが、「急にシステム障害がゼロにできるわけではなく、日々緊張感の連続だ」（みずほ銀行幹部）。実際、前任の坂井辰史社長が辞任を表明した21年11月26日以降にも2回、顧客に影響の出るシステム障害が起きた。

　金融庁は再発防止策の再検証や経営管理体制の整備といった改善計画の実施状況について、22年3月末を初回として3カ月ごとの報告を求めている。「必要性がある限り続ける」（金融庁）という。みずほは1月31日にも、設定ミスで振り込みが遅れた12月30日のトラブルについて原因分析の報告を提出したが、これまでも何度も再発防止を誓っており、実効性は不透明だ。

　足元ではベトナムで最大シェアを誇る決済アプリ「モモ」の運営会社の買収を

発表するなど前向きな案件も出始めているが、他メガに後れを取る状況に変わりはない。システムの安定稼働を続け信頼を積み上げつつ、同時にデジタル化など新たな社会課題への対応で存在価値を発揮していくことができるか。再始動するみずほには難関が待ち受けている。

■みずほ、Googleと提携　DXで顧客サービス抜本見直し（3/22）

　みずほフィナンシャルグループは米グーグルと提携し、デジタルサービスをてこ入れする。2022年度中にも、グーグルのクラウド上で顧客の取引データを分析し、投資信託や住宅ローンの提案など顧客ごとに適したサービスを提供する。グーグルのシステム開発のノウハウも取り入れ、システム障害への対応で出遅れたデジタルトランスフォーメーション（DX）で挽回をはかる。

　日本法人のグーグル・クラウド・ジャパンとDXを巡る戦略提携で合意し、近く発表する。グーグルのデータ解析や人工知能（AI）の技術を生かして顧客サービスの向上に取り組むほか、システム開発やイノベーションを育む考え方など、研修や現場での協業を通じてグーグルの企業文化を取り入れる。

　グーグル側にもみずほとの協業により金融分野で足場をつくる狙いがある。将来的にみずほの取引先企業のDX支援にもつなげるなど、デジタル分野で幅広く手を組む。

　みずほは提携でまず個人向けサービスの提案力を高める。従来はオンラインと店舗のデータ連携が不十分で、顧客ごとに一貫した提案ができていなかった。インターネットバンキングの取引履歴や個人の年齢や年収といった属性や、サイトの閲覧履歴などのデータを掛け合わせて金融環境や特性を分析。店舗に足を運んだ際もこうしたデータに基づく接客ができるようにする。

　ボーナスなどまとまったお金が入った時や顧客ごとの検索サイトでの関心をもとに運用商品を提案したり、別の目的で入金した顧客に店舗で運用の提案をしてしまうようなずれをなくしたりできる。オンラインで金融商品の選択や購入、資産管理を完結できるシステムにも反映し使い勝手を高める。

　ITシステムの開発プロセスや企業文化についてもノウハウを吸収する。グーグルの研修にみずほグループの社員が参加したり、イノベーションを生む企業文化の醸成に助言をもらったりする。みずほでは企業文化の変革も課題となっており、外部の知見を取り入れることで従来の銀行にない発想でシステムづくりにつなげたい考え。

　銀行の勘定系システムは保守・運用に多大なコストがかかる。このため、決済システムや顧客情報の管理など基幹部分は自社のデータセンターに残し、顧客に近いサービスはクラウドを使って機動性を高める流れが広がっている。

✔2021年の重要ニュース （出典：日本経済新聞）

■システム障害で第三者委　頭取人事を取り消し（3/17）

　みずほフィナンシャルグループ（FG）は 17 日、みずほ銀行で頻発しているシステム障害の原因などを究明するため、外部の専門家が参加する第三者委員会を立ち上げると発表した。坂井辰史社長が 17 日午後 5 時から都内で記者会見を開いて、障害の原因究明や再発防止策の策定について説明した。4 月 1 日に予定していたみずほ銀行の頭取交代人事も取り消すと発表した。

　坂井社長は記者会見の冒頭、「度重なるシステム障害で顧客に大変迷惑をかけ、信頼を損なう事態となった。心からおわびを申し上げる」と陳謝した。坂井社長は持ち株会社の社長として責任があるとしたが、責任の取り方については「原因究明や再発防止策の策定後に適切に考えたい」と述べるにとどめた。

　第三者委員会の委員長には弁護士の岩村修二氏が就く。システム障害の原因を究明するほか、再発防止策の提言や評価も行う。坂井社長は「客観的で専門性のある外部の目線が不可欠だ」と説明した。

　みずほ銀行では 2 月 28 日に全国の約 8 割にあたる ATM が一時動かなくなるトラブルが起きるなど約 2 週間で 4 件の障害が起きた。坂井社長は 4 件の障害について直接的な因果関係は認められないとしたうえで「個別要因が重なったではすまされない。通底する問題をあぶり出したい」と語った。

　システム障害について記者会見するみずほ FG の坂井社長（17 日、東京・大手町）システム障害への対応を優先するため、4 月 1 日に予定していたみずほ銀行の頭取交代人事は取り消す。みずほ FG はシステム障害が発生する前の 2 月 19 日に藤原弘治頭取がみずほ銀行会長に就き、後任に加藤勝彦常務執行役員が昇格する人事を発表していた。当面は藤原頭取が続投し、次期頭取に就任予定だった加藤勝彦常務執行役員は副頭取になる。坂井社長は「加藤氏が頭取になるのは基本的な方向感だ」と述べた。

　4 月に全国銀行協会の会長に就任が内定していた坂井氏の人事についても「就任を見合わせる方向で相談したい」との考えを示した。

　金融庁はみずほ銀行で相次いで発生したシステム障害を受け、3 月中にも同行に立ち入り検査を実施する方針を固めた。計 4 回の障害が続いた事態を重くみて、システム管理体制や障害の原因について関係者から詳しく聞き取る。みずほ側がまとめる報告書や検査結果を踏まえ、業務改善命令など行政処分を検討する。

■金融庁、みずほに業務改善命令　システムを実質管理（9/22）

　金融庁は22日、みずほフィナンシャルグループとみずほ銀行に業務改善命令を出したと発表した。みずほに対し、システムの改修や保守点検に関する計画の提出を求める。ATMなどで障害が多発したことを受け、金融庁が同行のシステムを実質管理する。みずほが年内に予定するシステムの更新や保守といった業務に関与し、必要に応じて体制整備の見直しも命じる。

　みずほは2月以降、7度にわたりシステム障害を起こしており、利用者の不安が高まっている。機器の改修などを進めているが、基幹システム本体に問題がある可能性もあり、障害の再発のリスクがくすぶる。再び大規模な障害が発生すると、融資や送金といった金融システムの根幹に悪影響を及ぼしかねないとみて、金融庁は行政処分に踏み切った。

　銀行法第26条に基づいて業務改善命令を発し、システム運用への関与を強める。金融庁が実質的に銀行のシステム管理に乗り出すのは初めて。システム障害でみずほに改善命令が出るのは2002年の発足から3回目となる。

　みずほは年内のシステム更新の必要性を再検証した結果や、適切な管理体制を整備する計画を金融庁へ提出する。業務上で不可欠な更新や点検作業を最優先に進める。新規事業などシステムに負荷がかかる業務は後回しにする。

　ATMがキャッシュカードや通帳を吸い込んで利用者を長時間足止めした2月28日の障害は、デジタル口座への移行作業が発端だった。今後はこうした作業を進める際にも金融庁が事前にチェックし、準備作業やバックアップ体制が十分か確かめる。

　金融庁は2月の障害発生後から立ち入り検査を実施している。全店舗の窓口業務を一時停止する事態に至った8月20日の障害は、店舗と基幹システムをつなぐサーバーの故障が原因だったが、バックアップのサーバーへの切り替えが滞った理由など全容を解明できていない。これまで発生した障害の究明も同時並行させる。

　みずほは新銀行発足時の02年に大規模なシステム障害を起こし、11年の東日本大震災直後にもATMなどが動かなくなる大規模障害が発生した。いずれも金融庁は業務改善命令などを出し、経営陣の責任問題に発展した。まずはシステム運用の正常化を優先させ、その後に経営責任の所在も明確にする見通しだ。

　みずほは22日「命令を重く受け止め、システム更新の必要性などを改めて検証する。安定稼働を最優先に取り組む」とするコメントを出した。みずほではすでに9月に予定していたインターネットバンキングアプリの改修予定を延期するなどの対応をとっており、今年の7回の障害の原因究明や再発防止策の見直しを急ぐ。

✔ 就活生情報

スケジュールに関しては無理に組まず，体調を最優
先。体調が悪いまま臨むと，企業側にもいい印象は
与えられませんし，本領が発揮できません

オープンコース（総合職）2023年度採用

エントリーシート

・形式：採用ホームページから記入
・内容：就職に際し重視すること，リーダーシップを発揮したエピソード　など

筆記試験

・形式：Webテスト
・科目：数学，算数／国語，漢字／性格テスト
・内容：玉手箱と玉手箱とは別の性格のみの検査もあり

面接（個人・集団）

・雰囲気：和やか
・回数：5回
・質問内容：現在の大学・学部・学科を選んだ理由，小中高時代の性格，自分
　の強みと弱み，今までで一番挑戦したこと，決断・選択をしたそれぞれの理由，
　就職活動を始めた時期から今の選考状況と変遷，気持ちの変化，なぜ金融業
　界？なぜ銀行？なぜみずほ？の順で深堀，興味ある業務とキャリアプランと，
　それに沿って，業務理解ができているか深堀，銀行の業務の理解確認　など

内定

・拘束や指示：他を辞退しないと内定がもらえない
・通知方法：電話

● その他受験者からのアドバイス

・一人で抱え込まないこと，OBOGや先輩に遠慮なく頼ること，休む時間
　を作ることが大事。三次面接，リクルーター面談，最終面接でフィードバッ
　クをしてくれた。。面接中において自分の話し方の良いところ，これから
　経験を積むべきことなど非常に細かく教えてくれた。他の企業の面接より
　も，「人」をしっかり見て話を聞いてくれたと感じた

自分にしかないもの，これだけは負けないものを学生時代に見つけてください。その経験は社会人になっても大事です

総合職 2020卒

エントリーシート

・形式：採用ホームページから記入
・内容：リーダーシップを発揮した経験など

セミナー

・選考とは無関係
・服装：リクルートスーツ
・内容：社員と直接話せるものが多かった

筆記試験

・形式：Webテスト
・科目：英語／数学，算数／国語，漢字／性格テスト

面接（個人・集団）

・回数：4回
・質問内容：人生でチャレンジした経験，新しいアイディアを出した経験，志望動機，入社後何をしたいか

内定

・拘束や指示：他を辞退しないと内定がもらえない
・通知方法：電話

▶ その他受験者からのアドバイス

・面接練習が大事

> 同業他社と比べてなぜみずほなのかという志望動機を，論理的に説明できるように固めておくことが大事です

基幹職 2020卒

エントリーシート

・形式：採用ホームページから記入
・内容：自覚している性格，趣味・特技，就職に際し重視したこと，当グループを志望した理由，リーダーシップを発揮した経験

セミナー

・選考とは無関係
・服装：リクルートスーツ
・内容：企業説明，企業のこれからの戦略

筆記試験

・形式：Webテスト
・科目：数学，算数／国語，漢字／性格テスト

面接（個人・集団）

・回数：4回
・質問内容：志望動機，入って何がしたいか，学生時代に力を入れたこと，説明会で印象に残ったこと，困難にぶつかった経験，リーダーシップを発揮した経験

選考時期が比較的早い他の銀行で，面接の経験を積めば本命でも活きてくると思う

特定職 2020卒

エントリーシート

・形式：採用ホームページから記入
・内容：リーダーシップを発揮した経験

セミナー

・選考とは無関係
・服装：リクルートスーツ
・内容：企業説明，座談会

筆記試験

・形式：Webテスト
・科目：数学，算数／国語，漢字／性格テスト

面接（個人・集団）

・回数：5回
・質問内容：学生時代に力を入れたこと，アルバイト，幼少期，責任感を持ってやったこと，サークルでの役回りなど。すべて個人面接。1次，2次はとても和やか。最終面接は本部の個室で行われた

内定

・拘束や指示：他社の選考や内々定を全て断るよう指示された

▶ その他受験者からのアドバイス

・選考とは直接関係ないが，面接官はセミナーの参加回数をチェックしている。何故行かなかったか問われる場合もあるので，すべて参加したほうがよい

必ず支店訪問やOBOG訪問などをしておくことを
オススメします

基幹職 2019卒

エントリーシート

・形式：採用ホームページから記入
・内容：志望動機，ガクチカ

セミナー

・選考とは無関係
・服装：リクルートスーツ
・内容：職種ごとに行員の方が業務内容について説明して下さった。質疑応答も
あり

筆記試験

・形式：Webテスト
・科目：国語，漢字／性格テスト

面接（個人・集団）

・雰囲気：普通
・回数：1回
・質問内容：中学時代にまでさかのぼって，成功体験を聞かれた

内定

・拘束や指示：学校推薦だったので，他を蹴り必ず内定を承諾する旨の連絡が来
た
・通知方法：大学就職課
・タイミング：予定通り

▶ その他受験者からのアドバイス

・面接で必ず聞かれる「何故当行なのか？」は，ありきたりな答えだと，かな
り突っ込まれる印象をどこの面接でも感じた

「何故当行なのか？」をしっかり答えられるようにすること。支店訪問やOBOG訪問などをしておくことをオススメします

特定職 2019卒

エントリーシート

・形式：採用ホームページから記入
・内容：アルバイト経験について，自覚している性格，趣味・特技，就職に際し重視すること

セミナー

・選考とは無関係

筆記試験

・形式：Webテスト
・科目：数学，算数／国語，漢字／性格テスト。平均的なSPIレベルの問題

面接（個人・集団）

・質問内容：他の企業との面接に比べて，毎回の質問及び回答内容は，次回の面接にしっかり引き継がれており，どんどんと深掘りされます。曖昧な（ざっくりとした）回答をすると，具体性を求める質問で返されてしまう。その場凌ぎの返答は，すぐに化けの皮を剥がされます

内定

・拘束や指示：学校推薦だったので，他を蹴り，必ず内定を承諾する旨の連絡が来た
・通知方法：大学就職課

▶ その他受験者からのアドバイス

・よかった点は，たった数回の面接でも，私のことをより正確に理解しようとする姿勢と熱意が感じられたこと。本当に嬉しかったし，面倒見のよいイメージを抱き非常によかった

面接の度に，何が自分に足りてないかアドバイスをしてくれました

基幹職（総合） 2018卒

エントリーシート
・形式：履歴書のみ
・内容：就職活動の軸，志望動機，他社でどこを受けてるか

セミナー
・選考とは無関係
・服装：リクルートスーツ
・内容：社員との座談会や逆質問，事業説明

筆記試験
・形式：Webテスト
・科目：数学，算数／国語，漢字／性格テスト。内容は，玉手箱

面接（個人・集団）
・質問内容：なぜ今の内定先ではなくみずほなのか，他行は受けなかったのか，銀行で働くことについて親は何と言ってるか，基本的に初めのうちは寮生活だけど大丈夫か

内定
・拘束や指示：内定先を丁重にお断りするよう言われる
・タイミング：予定より早い

▶ その他受験者からのアドバイス
・よかった点は，エントリーしてから内定もらうまで早かった
・よくなかった点は，非通知

実際の社員さんに納得いくまで質問し，自分自身が本当にやりたいことを，しっかりと伝えて下さい

基幹職opコース 2018卒

エントリーシート

・形式：採用ホームページから記入
・内容：みずほフィナンシャルグループを志望した理由，自覚している自分の性格，就職に関し重視すること

セミナー

・選考とは無関係
・服装：リクルートスーツ
・内容：社員の方々との座談会，交流会

筆記試験

・形式：Webテスト
・科目：数学，算数／国語，漢字／性格テスト

面接（個人・集団）

・雰囲気：普通
・回数：3回
・質問内容：学生時代に力を入れたことの深堀り，なぜそれを取り組もうと思ったのか

内定

・拘束や指示：ほかの企業の選考は辞退するように言われた
・タイミング：予定より早い

▶ その他受験者からのアドバイス

・即日で連絡してくださったのはとてもよかったです

面接では今まで自分のやってきたことを信じて，堂々と笑顔で話すことが大事です

特定職 2018卒

エントリーシート

・形式：採用ホームページから記入
・内容：志望動機，学生時代頑張ったこと

セミナー

・選考とは無関係
・服装：リクルートスーツ
・内容：座談会，職種それぞれのセミナー

筆記試験

・形式：Webテスト
・科目：数学，算数／国語，漢字／性格テスト
・内容：言語web 長文読解，熟語の構成など。非言語，四則計算。性格検査

面接（個人・集団）

・雰囲気：和やか
・質問内容：学生時代頑張ったこと，困難に直面したこと，なんで特定職か？

内定

・通知方法：電話

▶ その他受験者からのアドバイス

・よかった点は，連絡が当日か翌日だった。面接もフランクで緊張しなかった
・よくなかった点は，内定通知の電話の際，向こうの方の名前を言われなかったので，本当に内定で就活を終えていいのか不安になった

この会社で入って頑張りたいという最後は気持ちが重要です。頑張ってください

CRコース 2018卒

エントリーシート
・形式：採用ホームページから記入
・内容：志望理由，これまでに1番力を入れて取り組んだこと

セミナー
・選考とは無関係
・服装：リクルートスーツ
・内容：みずほについて，社員懇談会　等

筆記試験
・形式：Webテスト
・科目：数学，算数／国語，漢字

面接（個人・集団）
・雰囲気：和やか
・質問内容：なぜみずほ？　学生時代頑張ったこと，学生時代頑張ったことについての深堀り

内定
・拘束や指示：特になし
・通知方法：電話
・タイミング：予定通り

✔ 有価証券報告書の読み方

01 部分的に読み解くことからスタートしよう

　「有価証券報告書（以下，有報）」という名前を聞いたことがある人も少なくはないだろう。しかし，実際に中身を見たことがある人は決して多くはないのではないだろうか。有報とは上場企業が年に1度作成する，企業内容に関する開示資料のことをいう。開示項目には決算情報や事業内容について，従業員の状況等について記載されており，誰でも自由に見ることができる。

　一般的に有報は，証券会社や銀行の職員，または投資家などがこれを読み込み，その後の戦略を立てるのに活用しているイメージだろう。その認識は間違いではないが，だからといって就活に役に立たないというわけではない。就活を有利に進める上で，お得な情報がふんだんに含まれているのだ。ではどの部分が役に立つのか，実際に解説していく。

■有価証券報告書の開示内容

　では実際に，有報の開示内容を見てみよう。

有価証券報告書の開示内容
第一部【企業情報】
第1　【企業の概況】
第2　【事業の状況】
第3　【設備の状況】
第4　【提出会社の状況】
第5　【経理の状況】
第6　【提出会社の株式事務の概要】
第7　【提出会社の状参考情報】
第二部【提出会社の保証会社等の情報】
第1　【保証会社情報】
第2　【保証会社以外の会社の情報】
第3　【指数等の情報】

有報は記載項目が統一されているため，どの会社に関しても同じ内容で書かれている。このうち就活において必要な情報が記載されているのは，第一部の第1【企業の概況】～第5【経理の状況】まで，それ以降は無視してしまってかまわない。

02 企業の概況の注目ポイント

第1【企業の概況】には役立つ情報が満載。そんな中，最初に注目したいのは，冒頭に記載されている【主要な経営指標等の推移】の表だ。

回次		第25期	第26期	第27期	第28期	第29期
決算年月		平成24年3月	平成25年3月	平成26年3月	平成27年3月	平成28年3月
営業収益	（百万円）	2,532,173	2,671,822	2,702,916	2,756,165	2,867,199
経常利益	（百万円）	272,182	317,487	332,518	361,977	428,902
親会社株主に帰属する当期純利益	（百万円）	108,737	175,384	199,939	180,397	245,309
包括利益	（百万円）	109,304	197,739	214,632	229,292	217,419
純資産額	（百万円）	1,890,633	2,048,192	2,199,357	2,304,976	2,462,537
総資産額	（百万円）	7,060,409	7,223,204	7,428,303	7,605,690	7,789,762
1株当たり純資産額	（円）	4,738.51	5,135.76	5,529.40	5,818.19	6,232.40
1株当たり当期純利益	（円）	274.89	443.70	506.77	458.95	625.82
潜在株式調整後1株当たり当期純利益	（円）	—	—	—	—	—
自己資本比率	（％）	26.5	28.1	29.4	30.1	31.4
自己資本利益率	（％）	5.9	9.0	9.5	8.1	10.4
株価収益率	（倍）	19.0	17.4	15.0	21.0	15.5
営業活動によるキャッシュ・フロー	（百万円）	558,650	588,529	562,763	622,762	673,109
投資活動によるキャッシュ・フロー	（百万円）	△370,684	△465,951	△474,697	△476,844	△499,575
財務活動によるキャッシュ・フロー	（百万円）	△152,428	△101,151	△91,367	△86,636	△110,265
現金及び現金同等物の期末残高	（百万円）	167,525	189,262	186,057	245,170	307,809
従業員数[ほか，臨時従業員数]	（人）	71,729[27,746]	73,017[27,312]	73,551[27,736]	73,329[27,313]	73,053[26,147]

見慣れない単語が続くが，そう難しく考える必要はない。特に注意してほしいのが，**営業収益**，**経常利益**の二つ。営業収益とはいわゆる**総売上額**のことであり，これが企業の本業を指す。その営業収益から営業費用（営業費（販売費＋一般管理費）＋売上原価）を差し引いたものが**営業利益**となる。会社の業種はなんであれ，モノを顧客に販売した合計値が営業収益であり，その営業収益から人件費や家賃，広告宣伝費などを差し引いたものが営業利益と覚えておこう。対して経常利益は営業利益から本業以外の損益を差し引いたもの。いわゆる金利による収益や不動産収入などがこれにあたり，本業以外でその会社がどの程度の力をもっているかをはかる絶好の指標となる。

■**会社のアウトラインを知れる情報が続く。**

　この主要な経営指標の推移の表につづいて，「会社の沿革」，「事業の内容」，「関係会社の状況」「従業員の状況」などが記載されている。自分が試験を受ける企業のことを，より深く知っておくにこしたことはない。会社がどのように発展してきたのか，主としている事業はどのようなものがあるのか，従業員数や平均年齢はどれくらいなのか，志望動機などを作成する際に役立ててほしい。

03　事業の状況の注目ポイント

　第2となる【事業の状況】において，最重要となるのは**業績等の概要**といえる。ここでは1年間における収益の増減の理由が文章で記載されている。「○○という商品が好調に推移したため，売上高は△△になりました」といった情報が，比較的易しい文章で書かれている。もちろん，損失が出た場合に関しても包み隠さず記載してあるので，その会社の1年間の動向を知るための格好の資料となる。

　また，業績については各事業ごとに細かく別れて記載してある。例えば鉄道会社ならば，①運輸業，②駅スペース活用事業，③ショッピング・オフィス事業，④その他といった具合だ。**どのサービス・商品がどの程度の売上を出したのか**，会社の持つ展望として，今後**どの事業をより活性化**していくつもりなのか，などを意識しながら読み進めるとよいだろう。

■**「対処すべき課題」と「事業等のリスク」**

　業績等の概要と同様に重要となるのが，「**対処すべき課題**」と「**事業等のリスク**」の2項目といえる。ここで読み解きたいのは，その会社の**今後の伸びしろ**について。いま，会社はどのような状況にあって，どのような課題を抱えているのか。また，その課題に対して取られている対策の具体的な内容などから経営方針などを読み解くことができる。リスクに関しては法改正や安全面，他の企業の参入状況など，会社にとって決してプラスとは言えない情報もつつみ隠さず記載してある。客観的にその会社を再評価する意味でも，ぜひ目を通していただきたい。

　次代を担う就活生にとって，ここの情報はアピールポイントとして組み立てやすい。「新事業の○○の発展に際して……」，「御社が抱える●●というリスクに対して……」などという発言を面接時にできれば，面接官の心証も変わってくるはずだ。

最後に注目したいのが，第5【経理の状況】だ。ここでは，簡単にいえば【主要な経営指標等の推移】の表をより細分化した表が多く記載されている。ここの情報をすべて理解するのは，簿記の知識がないと難しい。しかし，そういった知識があまりなくても，読み解ける情報は数多くある。例えば**損益計算書**などがそれに当たる。

連結損益計算書

(単位：百万円)

	前連結会計年度 (自 平成26年4月1日 至 平成27年3月31日)	当連結会計年度 (自 平成27年4月1日 至 平成28年3月31日)
営業収益	2,756,165	2,867,199
営業費		
運輸業等営業費及び売上原価	1,806,181	1,841,025
販売費及び一般管理費	※1 522,462	※1 538,352
営業費合計	2,328,643	2,379,378
営業利益	427,521	487,821
営業外収益		
受取利息	152	214
受取配当金	3,602	3,703
物品売却益	1,438	998
受取保険金及び配当金	8,203	10,067
持分法による投資利益	3,134	2,565
雑収入	4,326	4,067
営業外収益合計	20,858	21,616
営業外費用		
支払利息	81,961	76,332
物品売却損	350	294
雑支出	4,090	3,908
営業外費用合計	86,403	80,535
経常利益	361,977	428,902
特別利益		
固定資産売却益	※4 1,211	※4 838
工事負担金等受入額	※3 59,205	※5 24,487
投資有価証券売却益	1,269	4,473
その他	5,016	6,921
特別利益合計	66,703	36,721
特別損失		
固定資産売却損	※6 2,088	※6 1,102
固定資産除却損	※7 3,957	※7 5,105
工事負担金等圧縮額	54,253	※8 18,346
減損損失	※9 12,738	※9 12,297
耐震補強重点対策関連費用	8,906	10,288
災害損失引当金繰入額	1,306	25,085
その他	30,128	8,537
特別損失合計	113,379	80,763
税金等調整前当期純利益	315,300	384,860
法人税，住民税及び事業税	107,540	128,972
法人税等調整額	26,202	9,326
法人税等合計	133,742	138,298
当期純利益	181,558	246,561
非支配株主に帰属する当期純利益	1,160	1,251
親会社株主に帰属する当期純利益	180,397	245,309

主要な経営指標等の推移で記載されていた**経常利益**の算出する上で必要な営業外収益などについて，詳細に記載されているので，一度目を通しておこう。

いよいよ次ページからは実際の有報が記載されている。ここで得た情報をもとに有報を確実に読み解き，就職活動を有利に進めよう。

※抜粋

企業の概況

1　主要な経営指標等の推移

（1）　当連結会計年度の前4連結会計年度及び当連結会計年度に係る次に掲げる主要な経営指標等の推移

		2018年度 （自 2018年 4月1日 至 2019年 3月31日）	2019年度 （自 2019年 4月1日 至 2020年 3月31日）	2020年度 （自 2020年 4月1日 至 2021年 3月31日）	2021年度 （自 2021年 4月1日 至 2022年 3月31日）	2022年度 （自 2022年 4月1日 至 2023年 3月31日）
連結経常収益	百万円	3,925,649	3,986,701	3,218,095	3,963,091	5,778,772
連結経常利益	百万円	614,118	637,877	536,306	559,847	789,606
親会社株主に帰属する 当期純利益	百万円	96,566	448,568	471,020	530,479	555,527
連結包括利益	百万円	△110,542	7,673	931,888	47,121	277,666
連結純資産額	百万円	9,194,038	8,663,847	9,362,207	9,201,031	9,208,463
連結総資産額	百万円	200,792,226	214,659,077	225,586,211	237,066,142	254,258,203
1株当たり純資産額	円	345.00	3,372.96	3,650.87	3,581.39	3,603.98
1株当たり当期純利益 金額	円	3.80	176.87	185.75	209.27	219.20
潜在株式調整後1株当 たり当期純利益金額	円	3.80	176.86	185.75	209.26	219.19
自己資本比率	％	4.35	3.98	4.10	3.82	3.59
連結自己資本利益率	％	1.08	5.18	5.29	5.78	6.10
連結株価収益率	倍	44.99	6.98	8.60	7.48	8.56
営業活動によるキャッ シュ・フロー	百万円	△2,636,096	1,901,893	16,613,235	4,917,186	8,867,246
投資活動によるキャッ シュ・フロー	百万円	5,487,153	△5,808,537	△9,763,746	△1,860,490	6,605,667
財務活動によるキャッ シュ・フロー	百万円	△18,640	△281,849	40,819	△522,056	△611,143
現金及び現金同等物の 期末残高	百万円	44,254,874	39,863,604	46,981,399	50,136,299	65,825,681
従業員数 ［外、平均臨時従業員 数］	人	59,132 [17,707]	57,264 [17,010]	54,492 [15,309]	52,420 [14,019]	51,212 [13,190]

（注）1.　自己資本比率は、（期末純資産の部合計－期末株式引受権－期末新株予約権－期末非支配株主持分）を期末資産の部の合計で除して算出しております。

point　主要な経営指標等の推移

　数年分の経営指標の推移がコンパクトにまとめられている。見るべき箇所は連結の売上，利益，株主資本比率の3つ。売上と利益は順調に右肩上がりに伸びているか，逆に利益で赤字が続いていたりしないかをチェックする。株主資本比率が高いとリーマンショックなど景気が悪化したときなどでも経営が傾かないという安心感がある。

2. 2018年度より，従来，「外，平均臨時従業員数」に含まれていた派遣社員数を控除しております。

3. 当社は，2020年10月1日付で普通株式10株につき1株の割合で株式併合を行っております。2019年度の期首に当該株式併合が行われたと仮定して1株当たり純資産額，1株当たり当期純利益金額及び潜在株式調整後1株当たり当期純利益金額を算定しております。

（2）当社の当事業年度の前4事業年度及び当事業年度に係る主要な経営指標等の推移 ……………

回次		第17期	第18期	第19期	第20期	第21期
決算年月		2019年3月	2020年3月	2021年3月	2022年3月	2023年3月
営業収益	百万円	331,315	75,424	268,904	320,846	316,331
経常利益	百万円	286,229	28,899	223,905	276,230	263,739
当期純利益	百万円	354,576	34,056	226,685	405,518	265,641
資本金	百万円	2,256,767	2,256,767	2,256,767	2,256,767	2,256,767
発行済株式総数 普通株式	千株	25,392,498	25,392,498	2,539,249	2,539,249	2,539,249
純資産額	百万円	5,518,720	5,362,442	5,397,718	5,605,454	5,661,133
総資産額	百万円	11,637,116	12,823,777	14,169,252	14,364,202	15,323,184
1株当たり純資産額	円	217.52	2,113.67	2,128.26	2,210.76	2,233.01
1株当たり配当額 普通株式 （うち1株当たり中間配当額） 普通株式	円	7.50 (3.75)	7.50 (3.75)	41.25 (3.75)	80.00 (40.00)	85.00 (42.50)
1株当たり当期純利益金額	円	13.97	13.42	89.36	159.92	104.77
潜在株式調整後1株当たり当期純利益金額	円	13.97	13.42	89.36	159.91	104.77
自己資本比率	%	47.41	41.81	38.09	39.02	36.94
自己資本利益率	%	6.47	0.62	4.21	7.37	4.71
株価収益率	倍	12.25	92.07	17.89	9.79	17.92
配当性向	%	53.65	558.69	83.92	50.02	81.12
従業員数 ［外，平均臨時従業員数］	人	1,664 [63]	1,677 [64]	1,949 [73]	2,072 [83]	2,270 [90]
株主総利回り （比較指標：配当込みTOPIX）	%	93.4 (94.9)	72.4 (85.9)	95.2 (122.1)	97.8 (124.5)	118.4 (131.8)
最高株価	円	205.00	177.50	1,732.5 (148.8)	1,716.00	2,238.00
最低株価	円	161.10	108.40	1,256.0 (116.2)	1,397.00	1,486.50

（注）1. 自己資本比率は，（期末純資産の部合計－期末株式引受権－期末新株予約権）を期末資産の部の合

計で除して算出しております。

2. 当社は，2020年10月1日付で普通株式10株につき1株の割合で株式併合を行っております。第18期（2020年3月）の期首に当該株式併合が行われたと仮定して1株当たり純資産額，1株当たり当期純利益金額及び潜在株式調整後1株当たり当期純利益金額を算定しております。

3. 当社は，2020年10月1日付で普通株式10株につき1株の割合で株式併合を行っております。第19期（2021年3月）の1株当たり配当額41.25円は，中間配当額3.75円と期末配当額37.5円の合計であり，中間配当額3.75円は株式併合前の配当額，期末配当額37.5円は株式併合後の配当額であります。

4. 株主総利回りの比較指標は，配当込みTOPIXの各期末日終値を参照し算出しております。

5. 最高株価及び最低株価は，2022年4月4日より東京証券取引所プライム市場におけるものであり，それ以前については東京証券取引所市場第一部におけるものであります。

6. 当社は，2020年10月1日付で普通株式10株につき1株の割合で株式併合を行っております。第19期（2021年3月）の株価については株式併合後の最高株価及び最低株価を記載しており，（　）内に株式併合前の最高株価及び最低株価を記載しております。

2　沿革

2003年1月	・株式会社みずほホールディングスの出資により当社を設立。 ・株式会社みずほホールディングスの臨時株主総会において，当社が同社と株式交換を行うことにより同社を完全子会社とすること，及び子会社管理営業分割によりみずほ信託銀行株式会社を当社の直接の子会社とすることについて承認決議。
同年3月	・当社が株式会社みずほホールディングス及びみずほ信託銀行株式会社を直接子会社化。更にクレジットカード会社，資産運用会社，システム関連会社等の戦略子会社等を当社の直接の子会社又は関連会社とし，これらを含む主要グループ会社に対して当社が直接的な経営管理を行う体制を整備するなどの「事業再構築」を実施。 ・当社普通株式を東京証券取引所及び大阪証券取引所に上場。
同年5月	・再生・リストラニーズのあるお取引先の債権を銀行本体から分離することを目的に，株式会社みずほ銀行，株式会社みずほコーポレート銀行，みずほ信託銀行株式会社各々の直接子会社として，再生専門子会社4社（株式会社みずほプロジェクト，株式会社みずほコーポレート，株式会社みずほグローバル，株式会社みずほアセット）を設立。
同年6月	・企業再生スキームを各再生専門子会社に提供することを目的に，株式会社みずほアドバイザリーを設立。

(point) 沿革

どのように創業したかという経緯から現在までの会社の歴史を年表で知ることができる。過去に行った重要なM&Aなどがいつ行われたのか，ブランド名はいつから使われているのか，いつ頃から海外進出を始めたのか，など確認することができて便利だ。

2005年10月	・当初目的を終えたことから，再生専門子会社4社（株式会社みずほプロジェクト，株式会社みずほコーポレート，株式会社みずほグローバル，株式会社みずほアセット）は，各々の親銀行である株式会社みずほ銀行，株式会社みずほコーポレート銀行及びみずほ信託銀行株式会社と合併。 ・当社と株式会社みずほホールディングスと共同で，「富裕個人関連連携推進営業」を会社分割し，新設の株式会社みずほプライベートウェルスマネジメントに承継。 ・株式会社みずほホールディングスが保有する株式会社みずほ銀行及び株式会社みずほコーポレート銀行の株式の全てを当社が取得。 ・株式会社みずほホールディングスは，商号を株式会社みずほフィナンシャルストラテジーに変更。
2006年3月	・当初目的を終えたことから，株式会社みずほアドバイザリーを解散。
同年11月	・当社米国預託証券（ADR）をニューヨーク証券取引所に上場。
2007年7月	・当社子会社の第一勧業アセットマネジメント株式会社は，同富士投信投資顧問株式会社を吸収合併し，商号をみずほ投信投資顧問株式会社に変更。
2009年5月	・当社関連会社の新光証券株式会社は，当社子会社のみずほ証券株式会社を吸収合併し，商号をみずほ証券株式会社に変更。
2010年9月	・消費者信用ビジネス分野において，お客さまに最高水準の商品・サービスを提供するとともに，同分野において収益極大化を図るべく，当社は株式会社オリエントコーポレーションの持分法適用関連会社化を実施。
2011年9月	・グループの一体的運営や人材・ネットワークといった経営資源の全体最適を実現すること等を目的として，当社グループの上場子会社であったみずほ信託銀行株式会社，みずほ証券株式会社及びみずほインベスターズ証券株式会社を，それぞれ当社，株式会社みずほコーポレート銀行及び株式会社みずほ銀行の完全子会社とする株式交換を実施。
2013年1月	・当社子会社のみずほ証券株式会社が，みずほインベスターズ証券株式会社を吸収合併。
同年4月	・当社の連結対象子会社であったみずほ証券株式会社を，当社の直接出資子会社とし，銀行・信託・証券その他の主要グループ会社を持株会社の直下に設置する新たなグループ資本ストラクチャーに移行。
同年7月	・当社子会社の株式会社みずほコーポレート銀行が，当社子会社の株式会社みずほ銀行を吸収合併。商号を株式会社みずほ銀行に変更。
2014年6月	・委員会設置会社（現：指名委員会等設置会社）へ移行。
2015年7月	・株式会社みずほフィナンシャルストラテジーは，みずほオフィスマネジメント株式会社と合併し，消滅。
2016年7月	・米国外国銀行規制上の要件を踏まえ当社子会社の株式会社みずほ銀行100％出資にて設立した米国銀行持株会社Mizuho Americas LLCの傘下に，当社グループの主要な米国現地法人を再編。

(point) **事業の内容**

　会社の事業がどのようにセグメント分けされているか，そして各セグメントではどのようなビジネスを行っているかなどの説明がある。また最後に事業の系統図が載せてあり，本社，取引先，国内外子会社の製品・サービスや部品の流れが分かる。ただセグメントが多いコングロマリットをすぐに理解するのは簡単ではない。

同年10月	・グループの資産運用ビジネス強化・発展を目的として，DIAMアセットマネジメント株式会社，みずほ信託銀行株式会社の資産運用部門，みずほ投信投資顧問株式会社及び新光投信株式会社の4社を統合し，アセットマネジメントOne株式会社が発足。
2016年11月	・個人のお客さま向けに，FinTechを活用したレンディングサービスを提供していくことを目的として，当社子会社の株式会社みずほ銀行とソフトバンク株式会社の共同出資により，株式会社J.Scoreを設立。
2018年10月	・資産管理サービス信託銀行株式会社は，規模のメリットの追求による安定的かつ高品質なオペレーションの実現を目的として，日本トラスティ・サービス信託銀行株式会社との共同株式移転によりJTCホールディングス株式会社を設立。
2019年3月	・わが国産業・経済の持続的成長を金融面から牽引する「次世代の金融プラットフォーム」を共に構築することを目的として，当社および当社子会社の株式会社みずほ銀行は興銀リース株式会社の持分法適用関連会社化を実施。
同年5月	・当社子会社の株式会社みずほ銀行とLINE Financial株式会社の共同出資により，LINE Bank設立準備株式会社を設立。 ・当社及び当社子会社の株式会社みずほ銀行はLINE Credit株式会社の持分法適用関連会社化を実施。
同年10月	・興銀リース株式会社は，商号をみずほリース株式会社に変更。
2020年6月	・日本アイ・ビー・エム株式会社と株式会社みずほフィナンシャルグループ出資による，新たなシステム運用会社「MIデジタルサービス株式会社」が発足
同年7月	・JTCホールディングス株式会社は，日本トラスティ・サービス信託銀行株式会社，資産管理サービス信託銀行株式会社と合併し，商号を株式会社日本カストディ銀行に変更。
同年9月	・スマホ証券分野での協業を目的として，当社子会社のみずほ証券株式会社がソフトバンク株式会社の子会社である株式会社One Tap BUY（2021年2月1日にPayPay証券株式会社に商号変更）の株式を取得し，持分法適用関連会社化を実施。
2021年4月	・当社子会社のみずほ情報総研株式会社，みずほ総合研究所株式会社の2社が合併し，商号をみずほリサーチ＆テクノロジーズ株式会社に変更。
2022年3月	・みずほリース株式会社と資本業務提携契約を締結し，株式会社みずほ銀行が保有する全てのみずほリース株式会社の普通株式を現物配当により取得。これに伴い，株式会社みずほ銀行は，みずほリース株式会社との資本業務提携を解消。
2022年11月	・あらゆる個人のお客さまニーズに応える，本格的なハイブリッド型の総合資産コンサルティングサービスを実現すべく，当社子会社のみずほ証券株式会社は楽天証券株式会社の株式の19.99%を取得し，楽天証券株式会社の持分法適用関連会社化を実施。

2022年12月	・当社の連結子会社である株式会社J.Scoreと当社の持分法適用関連会社であるLINE Credit株式会社は，株式会社J.Scoreのコンシューマーレンディング事業を，LINE Credit株式会社に吸収分割方式により事業統合することに合意。
2023年3月	・当社子会社の株式会社みずほ銀行とLINE Financial株式会社の共同出資により2019年5月に設立したLINE Bank設立準備株式会社について，プロジェクトを中止することを決定。

3　事業の内容

　当社は，銀行持株会社として，銀行持株会社，銀行，証券専門会社，その他銀行法により子会社とすることができる会社の経営管理及びこれに附帯する業務，その他銀行法により銀行持株会社が営むことのできる業務を行うことを事業目的としております。

　「みずほフィナンシャルグループ」（以下，当社グループ）は，当社，連結子会社178社及び持分法適用関連会社25社等で構成され，銀行業務，信託業務，証券業務，その他の金融サービスに係る業務を行っております。

　なお，2023年4月1日以降の主な変更は以下のとおりであります。

　当社は，グループ各社における事業・技術開発促進等を目的とするコーポレートベンチャーキャピタルとして，2023年4月3日にみずほイノベーション・フロンティア株式会社を設立いたしました。

　当連結会計年度末における当社グループの組織を事業系統図によって示すと以下のとおりであります。なお，事業の区分は「第5　経理の状況　1（1）連結財務諸表　注記事項」に掲げる報告セグメントと同一であります。

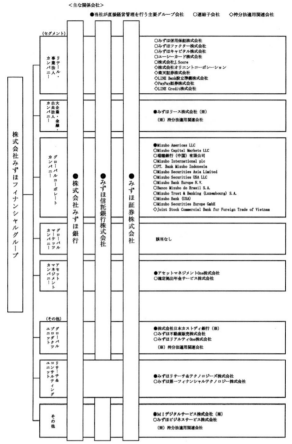

＜主な関係会社＞

●当社が直接経営管理を行う主要グループ会社　　○連結子会社　　◇持分法適用関連会社

（セグメント）

【リテール・事業法人カンパニー】
○みずほ信用保証株式会社
○みずほファクター株式会社
○みずほキャピタル株式会社
○ユーシーカード株式会社
○株式会社J.Score
◇株式会社オリエントコーポレーション
○楽天証券株式会社
○LINE Bank設立準備株式会社
◇PayPay証券株式会社
◇LINE Credit株式会社

【大企業・金融・公共法人カンパニー】
●みずほリース株式会社（株）
（株）持分法適用関連会社

【グローバルコーポレートカンパニー】
●Mizuho Americas LLC
○Mizuho Capital Markets LLC
○瑞穂銀行（中国）有限公司
○Mizuho International plc
○PT. Bank Mizuho Indonesia
○Mizuho Securities Asia Limited
○Mizuho Securities USA LLC
○Mizuho Bank Europe N.V.
○Banco Mizuho do Brasil S.A.
○Mizuho Trust & Banking (Luxembourg) S.A.
○Mizuho Bank (USA)
○Mizuho Securities Europe GmbH
◇Joint Stock Commercial Bank for Foreign Trade of Vietnam

【グローバルマーケッツカンパニー】
該当なし

【アセットマネジメントカンパニー】
●アセットマネジメントOne株式会社
○確定拠出年金サービス株式会社

（その他）

【グローバルプロダクツユニット】
●株式会社日本カストディ銀行（株）
○みずほ不動産販売株式会社
○みずほリアルティOne株式会社
（株）持分法適用関連会社

【リサーチ＆コンサルティングユニット】
●みずほリサーチ＆テクノロジーズ株式会社
○みずほ第一フィナンシャルテクノロジー株式会社

【その他】
●MIデジタルサービス株式会社（株）
○みずほビジネスサービス株式会社
（株）持分法適用関連会社

株式会社みずほフィナンシャルグループ
●株式会社みずほ銀行
●みずほ信託銀行株式会社
●みずほ証券株式会社

(注)　株式会社みずほ銀行，みずほ信託銀行株式会社，みずほ証券株式会社以外の主な関係会社のうち，
複数のセグメントに係る事業を営んでいる会社は，主たるセグメントに記載しております。

　なお，当社は，有価証券の取引等の規制に関する内閣府令第49条第2項に規定する特定上場会社等に該当しており，これにより，インサイダー取引規制の重要事実の軽微基準については連結ベースの数値に基づいて判断することとなります。

(point) **関係会社の状況**

　主に子会社のリストであり，事業内容や親会社との関係についての説明がされている。特に製造業の場合などは子会社の数が多く，すべてを把握することは難しいが，重要な役割を担っている子会社も多くある。有報の他の項目では一度も触れられていない場合が多いので，気になる会社については個別に調べておくことが望ましい。

当社グループは，2023年4月1日に組織改編を実施し，カンパニー・ユニットを再編しております。組織改編及びみずほイノベーション・フロンティア株式会社の設立を反映した2023年4月3日時点の事業系統図は以下のとおりであります。

（2023年4月3日現在）

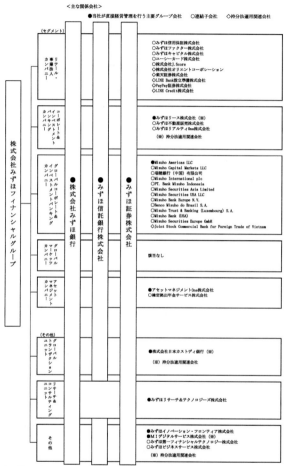

（注）　株式会社みずほ銀行，みずほ信託銀行株式会社，みずほ証券株式会社以外の主な関係会社のうち，複数のセグメントに係る事業を営んでいる会社は，主たるセグメントに記載しております

当社組織図 （2023年6月16日現在）

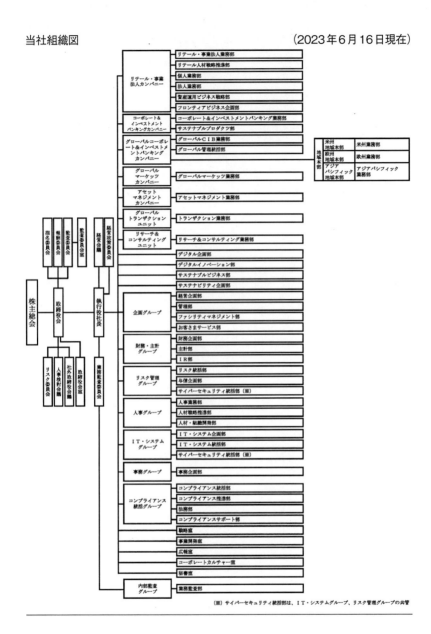

（※）サイバーセキュリティ統括部は、IT・システムグループ、リスク管理グループの共管

（連結子会社）　178社

名称	住所	資本金又は出資金	主要な事業の内容	議決権の所有割合（%）	当社との関係内容				
					役員の兼任等（人）	資金援助	営業上の取引	設備の賃貸借	業務提携
株式会社みずほ銀行　※	東京都千代田区	百万円 1,404,065	銀行業務	100.0 （－） ［－］	4 (3)	－	経営管理 預金取引関係 事務委託関係 金銭貸借関係	不動産賃貸借関係	－
みずほ信託銀行株式会社　※	東京都千代田区	百万円 247,369	信託業務 銀行業務	100.0 （－） ［－］	3 (3)	－	経営管理 預金取引関係 事務委託関係	不動産賃貸借関係	－
みずほ証券株式会社　※	東京都千代田区	百万円 125,167	証券業務	100.0 （－） ［－］	4 (2)	－	経営管理 事務委託関係	不動産賃貸借関係	－
（リテール・事業法人カンパニー）　18社									
株式会社J.Score	東京都港区	百万円 100	レンディング業務	50.0 （50.0） ［－］	1	－	－	－	－
株式会社日本投資環境研究所	東京都中央区	百万円 100	コンサルティング業務 情報提供サービス業務	100.0 （100.0） ［－］	3	－	株主判明調査	－	－
みずほキャピタル株式会社	東京都千代田区	百万円 902	ベンチャーキャピタル業務	49.9 （49.9） ［28.9］	2	－	－	－	－
みずほ債権回収株式会社	東京都中央区	百万円 500	債権管理回収業務	100.0 （100.0） ［－］	－	－	－	－	－
みずほ信用保証株式会社	東京都千代田区	百万円 13,281	信用保証業務	100.0 （100.0） ［－］	－	－	－	－	－
みずほドリームパートナー株式会社	東京都文京区	百万円 10	宝くじ証票整理業務	100.0 （100.0） ［－］	－	－	－	－	－
みずほファクター株式会社	東京都千代田区	百万円 1,000	ファクタリング業務	100.0 （100.0） ［－］	2	－	－	－	－
ユーシーカード株式会社	東京都港区	百万円 500	クレジットカード業務	100.0 （100.0） ［－］	1	－	－	－	－
他10社									
（大企業・金融・公共法人カンパニー）　7社									
Mizuho Asia Partners Pte. Ltd.	シンガポール共和国シンガポール市	千シンガポールドル 2,500	投資助言業務	100.0 （100.0） ［－］	－	－	－	－	－
Mizuho Gulf Capital Partners Ltd	アラブ首長国連邦ドバイ首長国ドバイ市	千米ドル 5,000	投資助言業務	100.0 （100.0） ［－］	1	－	－	－	－
他5社									
（グローバルコーポレートカンパニー）　111社									
Mizuho Americas LLC	米国ニューヨーク州ニューヨーク市	千米ドル 3,820,876	持株会社	100.0 （100.0） ［－］	5 (1)	－	経営管理	－	－
AO Mizuho Bank (Moscow)	ロシア連邦モスクワ市	千ルーブル 8,783,336	銀行業務	100.0 （100.0） ［－］	4	－	－	－	－
Banco Mizuho do Brasil S.A.	ブラジル連邦共和国サンパウロ州サンパウロ市	千ブラジルレアル 679,732	銀行業務	100.0 （100.0） ［－］	－	－	－	－	－

名称	住所	資本金又は出資金	主要な事業の内容	議決権の所有割合(%)	当社との関係内容				
					役員の兼任等(人)	資金援助	営業上の取引	設備の賃貸借	業務提携
Capstone Advisors SA	スイス連邦ヴォー州ニヨン	千スイスフラン 100	有価証券関連業務	100.0 (100.0) [—]	—	—	—	—	—
CH Capstone Holding Sarl	スイス連邦ヴォー州ローザンヌ	千スイスフラン 20	持株会社	100.0 (100.0) [—]	—	—	—	—	—
Japan Fund Management (Luxembourg) S.A.	ルクセンブルク大公国ミュンズバッハ市	千ユーロ 2,500	投資信託管理業務	100.0 (100.0) [—]	—	—	—	—	—
MHBK (USA) Leasing & Finance LLC	米国ニューヨーク州ニューヨーク市	千米ドル 100,220	リース業務	100.0 (100.0) [—]	—	—	—	—	—
Mizuho America Leasing LLC	米国ニューヨーク州ニューヨーク市	千米ドル 87,822	リース業務	100.0 (100.0) [—]	1	—	—	—	—
Mizuho Americas Services LLC	米国ニューヨーク州ニューヨーク市	—	事務受託業務	100.0 (100.0) [—]	—	—	業務委託関係	—	—
瑞穂銀行(中国)有限公司	中華人民共和国上海市	千人民元 9,500,000	銀行業務	100.0 (100.0) [—]	4	—	—	—	—
Mizuho Bank (Malaysia) Berhad	マレーシアクアラルンプール市	千マレーシアリンギット 1,200,000	銀行業務	100.0 (100.0) [—]	—	—	—	—	—
Mizuho Bank (USA)	米国ニューヨーク州ニューヨーク市	千米ドル 98,474	銀行業務信託業務	100.0 (100.0) [—]	3 (1)	—	—	—	—
Mizuho Bank Europe N.V.	オランダ王国アムステルダム市	千ユーロ 191,794	銀行業務証券業務	100.0 (100.0) [—]	—	—	—	—	—
Mizuho Bank Mexico, S.A.	メキシコ合衆国メキシコシティ	千メキシコペソ 2,600,000	銀行業務	100.0 (100.0) [—]	2	—	—	—	—
Mizuho Capital Markets LLC	米国ニューヨーク州ニューヨーク市	千米ドル 1,544,804	デリバティブ業務	100.0 (100.0) [—]	—	—	—	—	—
Mizuho do Brasil Cayman Limited	英国領ケイマン諸島	千米ドル 2,920	銀行業務	100.0 (100.0) [—]	—	—	—	—	—
Mizuho Global Services India Private Limited	インド共和国ナビムンバイ市	千インドルピー 70,000	事務受託業務テクノロジー支援業務コンサルティング業務	100.0 (99.9) [—]	2	—	—	—	—
Mizuho International plc	英国ロンドン市	千英ポンド 709,857	証券業務銀行業務	100.0 (100.0) [—]	4	—	—	—	—
Mizuho Markets Americas LLC	米国ニューヨーク州ニューヨーク市	千米ドル 165,000	有価証券関連業務金融業務	100.0 (100.0) [—]	—	—	—	—	—
Mizuho Markets Futures Singapore Pte. Ltd.	シンガポール共和国シンガポール市	千シンガポールドル 0	開業に係る準備業務	100.0 (100.0) [—]	—	—	—	—	—
Mizuho Saudi Arabia Company	サウジアラビア王国リヤド市	千サウジリアル 75,000	金融業務	100.0 (100.0) [—]	—	—	—	—	—
Mizuho Securities (Singapore) Pte. Ltd.	シンガポール共和国シンガポール市	千米ドル 495,990	金融業務	100.0 (100.0) [—]	1	—	—	—	—

名称	住所	資本金又は出資金	主要な事業の内容	議決権の所有割合(%)	当社との関係内容				
					役員の兼任等(人)	資金援助	営業上の取引	設備の賃貸借	業務提携
Mizuho Securities Asia Limited	中華人民共和国香港特別行政区	千香港ドル 3,620,940	証券業務	100.0 (100.0) [—]	1	—	—	—	—
Mizuho Securities Canada Inc.	米国ニューヨーク州ニューヨーク市	千カナダドル 27,000	有価証券関連業務	100.0 (100.0) [—]	—	—	—	—	—
Mizuho Securities Europe GmbH	ドイツ連邦共和国フランクフルト市	千ユーロ 35,000	証券業務	100.0 (100.0) [—]	—	—	—	—	—
Mizuho Securities India Private Limited	インド共和国ムンバイ市	千インドルピー 400,000	証券業務	100.0 (100.0) [—]	—	—	—	—	—
Mizuho Securities USA LLC	米国ニューヨーク州ニューヨーク市	千米ドル 429,259	証券業務	100.0 (100.0) [—]	5 (1)	—	—	—	—
Mizuho Trust & Banking (Luxembourg) S.A.	ルクセンブルク大公国ミュンズバッハ市	千米ドル 105,000	信託業務銀行業務	100.0 (100.0) [—]	3	—	—	—	—
PT. Bank Mizuho Indonesia	インドネシア共和国ジャカルタ市	千インドネシアルピア 7,384,574,000	銀行業務	98.9 (98.9) [—]	1	—	—	—	—
Working Capital Finance Co., Inc.	米国ニューヨーク州ニューヨーク市	千米ドル 50	金融業務	(—) [—]	—	—	—	—	—
他81社									
（アセットマネジメントカンパニー）　9社									
アセットマネジメントOne株式会社	東京都千代田区	百万円 2,000	投資運用業務投資助言・代理業務	51.0 (—) [—]	—	—	経営管理	—	—
アセットマネジメントOneオルタナティブインベストメンツ株式会社	東京都千代田区	百万円 1,000	投資運用業務投資助言・代理業務	100.0 (100.0) [—]	—	—	—	—	—
アセットマネジメントOne TERRACE株式会社	東京都千代田区	百万円 50	調査・研究・開発業務	100.0 (100.0) [—]	—	—	—	—	—
確定拠出年金サービス株式会社	東京都中央区	百万円 2,000	確定拠出年金関連業務	60.0 (60.0) [—]	1	—	—	—	—
Asset Management One Hong Kong Limited	中華人民共和国香港特別行政区	百万円 500	投資信託販売投資運用に係る顧客対応業務	100.0 (100.0) [—]	—	—	—	—	—
Asset Management One International Ltd.	英国ロンドン市	千英ポンド 9,000	投資助言・代理業務	100.0 (100.0) [—]	—	—	—	—	—
Asset Management One Singapore Pte. Ltd.	シンガポール共和国シンガポール市	百万円 1,900	投資助言・代理業務	100.0 (100.0) [—]	—	—	—	—	—
Asset Management One USA Inc.	米国ニューヨーク州ニューヨーク市	千米ドル 4,000	投資助言・代理業務	100.0 (100.0) [—]	—	—	—	—	—
他1社									
（グローバルプロダクツユニット）　19社									
株式会社都市未来総合研究所	東京都中央区	百万円 100	調査・研究業務	100.0 (100.0) [—]	2	—	—	—	—

名称	住所	資本金又は出資金	主要な事業の内容	議決権の所有割合(%)	当社との関係内容				
					役員の兼任等(人)	資金援助	営業上の取引	設備の賃貸借	業務提携
みずほEBサービス株式会社	東京都文京区	百万円 50	ソフトウェア業務	100.0 (100.0) [-]	-	-	-	-	-
みずほ証券プリンシパルインベストメント株式会社	東京都千代田区	百万円 100	投資業務	100.0 (100.0) [-]	1	-	-	-	-
みずほ電子債権記録株式会社	東京都港区	百万円 750	電子債権記録業務	100.0 (100.0) [-]	2	-	-	-	-
みずほトラストオペレーションズ株式会社	東京都千代田区	百万円 30	事務代行業務	100.0 (100.0) [-]	2	-	-	-	-
みずほ不動産投資顧問株式会社	東京都千代田区	百万円 100	投資運用業務投資助言業務	100.0 (100.0) [-]	2	-	-	-	-
みずほ不動産販売株式会社	東京都中央区	百万円 1,500	不動産仲介業務	95.0 (95.0)	2	-	-	-	-
みずほリアルティOne株式会社	東京都千代田区	百万円 100	持株会社	100.0 (100.0) [-]	2	-	-	不動産賃貸借関係	-
みずほリートマネジメント株式会社	東京都千代田区	百万円 50	投資法人資産運用業務	100.0 (100.0) [-]	1	-	-	-	-
他10社									
(リサーチ&コンサルティングユニット) 4社									
みずほリサーチ&テクノロジーズ株式会社	東京都千代田区	百万円 1,627	情報処理サービス業務シンクタンク・コンサルティング業務	100.0 (-) [-]	5 (3)	-	経営管理事務委託関係	不動産賃貸借関係	-
みずほ第一フィナンシャルテクノロジー株式会社	東京都千代田区	百万円 200	金融技術の調査・研究・開発業務	60.0 (60.0) [-]	3 (2)	-	業務委託関係	-	-
瑞穂信息系統(上海)有限公司	中華人民共和国上海市	百万円 100	情報処理サービス業務	100.0 (100.0) [-]	-	-	-	-	-
Mizuho Research & Technologies Asia Pte. Ltd.	シンガポール共和国シンガポール市	千シンガポールドル 14,000	情報処理サービス業務	100.0 (100.0) [-]	-	-	-	-	-
(その他) 7社									
みずほ証券ビジネスサービス株式会社	東京都江東区	百万円 100	事務代行業務	100.0 (100.0) [-]	1	-	事務委託関係	-	-
みずほトラストビジネスオペレーションズ株式会社	東京都江東区	百万円 30	事務代行業務	100.0 (100.0) [-]	2	-	-	-	-
みずほトラストリテールサポート株式会社	東京都江東区	百万円 30	事務代行業務	100.0 (100.0) [-]	2	-	-	-	-
みずほビジネス・チャレンジド株式会社	東京都町田市	百万円 10	事務受託業務	100.0 (100.0) [-]	4	-	事務委託関係	-	-
みずほビジネスサービス株式会社	東京都渋谷区	百万円 90	事務受託業務	100.0 (100.0) [-]	3	-	-	-	-

名称	住所	資本金又は出資金	主要な事業の内容	議決権の所有割合(%)	当社との関係内容				
					役員の兼任等(人)	資金援助	営業上の取引	設備の賃貸借	業務提携
みずほビジネスパートナー株式会社	東京都千代田区	百万円 90	事務受託業務 人材派遣業務	100.0 (100.0) [—]	3	—	業務委託関係	不動産賃貸借関係	—
他1社									

※株式会社みずほ銀行，みずほ証券株式会社は，5つのカンパニー，2つのユニット，その他に係る全ての業務を行っております。

みずほ信託銀行株式会社は，リサーチ＆コンサルティングユニット以外に係る全ての業務を行っております。

（持分法適用関連会社）　25社

名称	住所	資本金又は出資金	主要な事業の内容	議決権の所有割合(%)	役員の兼任等(人)	資金援助	営業上の取引	設備の賃貸借	業務提携
							当社との関係内容		
（リテール・事業法人カンパニー）　6社									
株式会社オリエントコーポレーション	東京都千代田区	百万円150,075	信販業務	49.1(49.1)[-]	-	-	-	-	-
株式会社ことら	東京都中央区	百万円1,700	資金決済インフラの企画・運営	25.0(25.0)[-]	-	-	-	-	-
PayPay証券株式会社	東京都千代田区	百万円10,224	証券業務	49.0(49.0)[-]	1	-	-	-	-
LINE Credit株式会社	東京都品川区	百万円100	貸金業務	43.4(43.4)[5.5]	-	-	-	-	-
LINE Bank設立準備株式会社	東京都品川区	百万円12,750	銀行業免許取得及び銀行業開始に係る調査及び準備業務	50.0(50.0)[-]	1	-	-	-	-
楽天証券株式会社	東京都港区	百万円19,495	証券業務	19.9(19.9)[-]	1	-	-	-	-
（大企業・金融・公共法人カンパニー）　5社									
みずほリース株式会社	東京都港区	百万円26,088	総合リース業務	23.5(0.5)[-]	-	-	-	-	資本提携及びリース事業に関する業務提携に関し、「資本業務提携契約」を締結
他4社									
（グローバルコーポレートカンパニー）　4社									
Joint Stock Commercial Bank for Foreign Trade of Vietnam	ベトナム社会主義共和国ハノイ市	千ベトナムドン47,325,165,710	銀行業務	15.0(15.0)[-]	-	-	-	-	-
MHCB Consulting (Thailand) Co., Ltd.	タイ王国バンコック市	千タイバーツ2,000	有価証券投資業務コンサルティング業務アドバイザリー業務	9.9(9.9)[19.1]	-	-	-	-	-
PT. MHCT Consulting Indonesia	インドネシア共和国ジャカルタ市	千インドネシアルピア2,500,000	コンサルティング業務アドバイザリー業務	-(-)[100.0]	1	-	-	-	-
Sathinee Company Limited	タイ王国バンコック市	千タイバーツ5,000	有価証券投資業務コンサルティング業務	4.0(4.0)[95.9]	-	-	-	-	-
（アセットマネジメントカンパニー）　4社									
日本インベスター・ソリューション・アンド・テクノロジー株式会社	神奈川県横浜市西区	百万円25,835	確定拠出年金関連業務	39.4(39.4)[-]	1(1)	-	-	-	-

名称	住所	資本金又は出資金	主要な事業の内容	議決権の所有割合(%)	当社との関係内容				
					役員の兼任等(人)	資金援助	営業上の取引	設備の賃貸借	業務提携
日本ペンション・オペレーション・サービス株式会社	東京都中央区	百万円 100	年金制度管理及び事務執行業務	50.0 (50.0) [-]	-	-	-	-	-
PayPayアセットマネジメント株式会社	東京都千代田区	百万円 95	投資運用業務 投資助言・代理業務	49.9 (49.9) [-]	-	-	-	-	-
Matthews International Capital Management, LLC	米国カリフォルニア州サンフランシスコ市	-	投資運用業務 投資助言業務	18.5 (18.5) [-]	1 (1)	-	-	-	Matthewsプロダクツについての「COOPERATION AGREEMENT」を締結
（グローバルプロダクツユニット）　4社									
株式会社日本カストディ銀行	東京都中央区	百万円 51,000	信託業務 銀行業務	27.0 (-) [-]	-	-	-	-	-
日本株主データサービス株式会社	東京都杉並区	百万円 2,000	事務代行業務	50.0 (50.0) [-]	1	-	-	-	-
他2社									
（その他）　2社									
ＭＩデジタルサービス株式会社	東京都中央区	百万円 20	システム運営・管理業務	35.0 (-) [-]	2	-	業務委託関係	-	-
日本証券テクノロジー株式会社	東京都江東区	百万円 228	ソフトウェア開発業務	49.0 (49.0) [-]	2	-	-	-	-

(注) 1. 上記関係会社のうち，特定子会社に該当する会社は，株式会社みずほ銀行，みずほ信託銀行株式会社及びMizuho Americas LLCであります。

2. 上記関係会社のうち，有価証券報告書又は有価証券届出書を提出している会社は，株式会社みずほ銀行，みずほリース株式会社及び株式会社オリエントコーポレーションであります。

3. 上記関係会社のうち，連結財務諸表に重要な影響を与えている債務超過の状況にある会社はありません。

4. 上記関係会社のうち，株式会社みずほ銀行及びMizuho Capital Markets LLCは，経常収益（連結会社相互間の内部経常収益を除く）の連結経常収益に占める割合が10％を超えております。Mizuho Capital Markets LLCの2023年3月期の経常収益は819,237百万円，経常利益は54,892百万円，当期純利益は44,264百万円，純資産額は246,230百万円，総資産額は3,000,749百万円であります。なお，株式会社みずほ銀行は有価証券報告書を提出しており，主要な損益情報等は，記載を省略しております。

5. 「議決権の所有割合」欄の（　）内は子会社による間接所有の割合（内書き），［　］内は「自己と出資，人事，資金，技術，取引等において緊密な関係があることにより自己の意思と同一の内容の議決権を行使すると認められる者」又は「自己の意思と同一の内容の議決権を行使することに同意している者」による所有割合（外書き）であります。

6. 「当社との関係内容」の「役員の兼任等」欄の（　）内は，当社の役員（内書き）であります。

7. 2023年4月3日にMizuho America Leasing LLCは，MHBK（USA）Leasing & Finance LLCを吸収合併しております。

5 従業員の状況

（1） 連結会社における従業員数 ・・・

	リテール・事業法人カンパニー	大企業・金融・公共法人カンパニー	グローバルコーポレートカンパニー	グローバルマーケッツカンパニー	アセットマネジメントカンパニー	その他	合計
従業員数（人）	19,930 [7,631]	1,767 [120]	10,239 [74]	1,307 [42]	1,468 [138]	16,501 [5,185]	51,212 [13,190]

（注） 1. 従業員数は，連結会社各社において，それぞれ社外への出向者を除き，社外から受け入れた出向者
を含んでおります。また，海外の現地採用者を含み，嘱託及び臨時従業員13,035人を含んでおりま
せん。

2. 嘱託及び臨時従業員数は，[ ]内に2022年度の平均人員（各月末人員の平均）を外書きで記載して
おります。

（2） 当社の従業員数 ・・

従業員数（人）	平均年齢（歳）	平均勤続年数（年）	平均年間給与（千円）
2,270 [90]	41.4	16.9	10,380

	リテール・事業法人カンパニー	大企業・金融・公共法人カンパニー	グローバルコーポレートカンパニー	グローバルマーケッツカンパニー	アセットマネジメントカンパニー	その他	合計
従業員数（人）	169 [1]	57 [1]	146 [－]	13 [－]	27 [－]	1,858 [88]	2,270 [90]

（注） 1. 従業員数は，社外への出向者を除き，社外から受け入れた出向者を含んでおります。また，執行役
員及び専門役員28人，嘱託及び臨時従業員94人を含んでおりません。

2. 嘱託及び臨時従業員数は，[ ]内に2022年度の平均人員（各月末人員の平均）を外書きで記載し
ております。

3. 平均勤続年数は，当社，株式会社みずほ銀行，みずほ信託銀行株式会社，みずほ証券株式会社，
みずほリサーチ＆テクノロジーズ株式会社の間で転籍異動した者については転籍元会社での勤続年
数を通算しております。

4. 平均年間給与は，3月末の当社従業員に対して支給された年間の給与，賞与及び基準外賃金（株式
会社みずほ銀行，みずほ信託銀行株式会社，みずほリサーチ＆テクノロジーズ株式会社からの転籍
転入者については転籍元会社で支給されたものを含む）を合計したものであります。

5. 当社の従業員組合は，みずほフィナンシャルグループ従業員組合と称し，当社に在籍する組合員数(他
社への出向者を含む)は1,995人であります。労使間においては，特記すべき事項はありません。

1 経営方針，経営環境及び対処すべき課題等

　文中の将来に関する事項は，当連結会計年度末現在において当社グループが判断したものであります。

(1) 経営方針 ···

① 企業理念

　当社グループは，〈みずほ〉として行うあらゆる活動の根幹をなす考え方として，基本理念・パーパス・バリューから構成される『〈みずほ〉の企業理念』を制定しております。この考え方に基づきグループが一体となって事業運営・業務推進を行うことで，お客さまと経済・社会の発展に貢献し，みなさまに〈豊かな実り〉をお届けしてまいります。

基本理念：企業活動の根本的考え方

> 〈みずほ〉は、フェアでオープンな立場から、時代の先を読み、
> お客さま、経済・社会、そして社員の〈豊かな実り〉を実現する。

パーパス：みずほグループの存在意義

> ともに挑む。ともに実る。

バリュー：パーパスを実現するための価値観と行動軸

	変化の穂先であれ。
- Integrity	お客さまの立場で考え、誠心誠意行動する
- Passion	強い思いを持ち、楽しく働く
- Agility	迅速に決断し、実践する
- Creativity	何事にも関心を持ち、創造力を磨く
- Empathy	多様な意見に耳を傾け、協力する

② 経営計画

　新たな中期経営計画（2023〜2025年度）の3年間を『お客さま，社会の課題に対し，様々な挑戦を繋ぎ，新たな解を創造する3年間』とし，サステナビリティを軸とした，メリハリある事業展開により経営資源を最大限に有効活用し，お客さま，社会とともに，その先の持続的な成長，豊かさへの礎を築くことを目指し

(point) **従業員の状況**

　主力セグメントや，これまで会社を支えてきたセグメントの人数が多い傾向があるのは当然のことだろう。上場している大企業であれば平均年齢は40歳前後だ。また労働組合の状況にページが割かれている場合がある。その情報を載せている背景として，労働組合の力が強く，人数を削減しにくい企業体質だということを意味している。

てまいります。

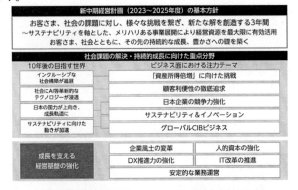

新中期経営計画（2023〜2025年度）の基本方針
お客さま、社会の課題に対し、様々な挑戦を繋ぎ、新たな解を創造する3年間 〜サステナビリティを軸とした、メリハリある事業展開により経営資源を最大限に有効活用 お客さま、社会とともに、その先の持続的な成長、豊かさへの礎を築く

社会課題の解決・持続的成長に向けた重点分野	
10年後の目指す世界	ビジネス面における注力テーマ
インクルーシブな社会構築が進展	「資産所得倍増」に向けた挑戦
社会にAI等革新的なテクノロジーが浸透	顧客利便性の徹底追求
日本の国力が上向き、成長軌道に	日本企業の競争力強化
サステナビリティに向けた動きが加速	サステナビリティ＆イノベーション
	グローバルCIBビジネス

成長を支える経営基盤の強化	企業風土の変革	人的資本の強化
	DX推進力の強化	IT改革の推進
	安定的な業務運営	

（2025年度目標）	連結ROE (注1)	8％超	エンゲージメントスコア (注3)	65%
	連結業務純益 (注2)	1〜1.1兆円	インクルージョンスコア (注3)	65%

(注1) その他有価証券評価差額金を除く
(注2) 連結業務純益＋ETF関係損益（みずほ銀行、みずほ信託銀行合算）＋業務有価証券損益（みずほ証券連結）
(注3) 社員意識調査におけるエンゲージメント及びインクルージョンに関する各4設問に対する回答の肯定的回答率（1〜5の5段階で4,5を回答した割合）

(2) 経営環境

　2022年度の経済情勢を顧みますと、ウィズコロナへの転換と各国の財政支出に支えられた需要の回復が続いてきた一方、労働市場の構造変化やウクライナ情勢に起因する天然資源の供給制約等から、世界的なインフレに直面しています。加えて、欧米中心に急速に進められた金融引き締めの影響が表れ、世界経済の先行きは不透明な状況となっています。

　米国経済は、高インフレとそれを受けたFRB（連邦準備制度理事会）による急速な金融引き締めの下でも消費を中心に底堅い成長を続けてきました。消費を支える賃金は、旺盛な労働需要と新型コロナウイルスの感染拡大等を背景とする労働供給の制約から労働需給がひっ迫することで高止まりしています。こうした状況を踏まえて、FRBが金融引き締めを続ける中、複数の金融機関が経営破たんし、景気の先行き不透明感が強まっています。　欧州では、ウクライナ情勢に起因する資源価格の高騰や供給制約から、経済成長の鈍化がみられます。ガス価格の上昇は一服したものの、食料価格の上昇等を受けインフレは高止まりし、消費を押し下げています。物価だけでなく賃金の伸びも加速していることから、ECB（欧

(point) **業績等の概要**

　この項目では今期の売上や営業利益などの業績がどうだったのか、収益が伸びたあるいは減少した理由は何か、そして伸ばすためにどんなことを行ったかということがセグメントごとに分かる。現在、会社がどのようなビジネスを行っているのか最も分かりやすい箇所だと言える。

州中央銀行）は利上げを継続しています。今後もインフレ率の高止まりと利上げの影響で経済はやや低調に推移するものとみられます。また，金融機関の経営不安を受けた金融市場の動揺は金融政策や景気動向に大きな影響を与える懸念があります。

　アジアでは，中国における不動産投資低迷の長期化と，ゼロコロナ政策により消費者マインドの低迷が続きました。ゼロコロナ政策解除後は一時的に感染者数が急増したものの収束に向かい，足元はサービス消費主導で緩やかに回復しています。ただし，米中対立は継続しており，通商や安全保障等をめぐる先行きの不確実性は依然として高い状況です。新興国では，行動制限の緩和に伴い総じて高い成長率となったものの，足元はコロナ禍からの需要回復の一巡やインフレの影響により成長は鈍化傾向にあります。

　日本経済は，設備投資の伸び悩みや半導体不足等から製造業の生産活動が弱含んでいるものの，行動制限の緩和等に伴い，サービス業等の内需産業を中心に緩やかな回復が続くとみられます。これまで資源高・円安を背景に高まっていた物価上昇率も，商品市況高騰の一服を受けて弱まっていく見通しです。一方，欧米の金融引き締めに伴う海外経済の減速が設備投資を悪化させる可能性は懸念材料です。また，日銀による金融政策の変更に対する関心も引き続き高く，実際に変更が実施された場合には，日本経済に影響を及ぼす可能性があります。

　世界経済の先行きは，世界的な金融引き締めが実体経済にもたらす影響に不確実性があることから，不透明な状況が続く見込みです。また，欧米金融機関の経営破たん等を契機とする金融システム不安の波及，ウクライナ情勢の緊迫化，米国を中心としたインフレの更なる深刻化等の状況によっては，金融資本市場の混乱や，一層の景気悪化リスクが懸念され，日本経済についても，悪影響を受ける可能性があります。

(3)　対処すべき課題 ･･･

■　システム障害の再発防止への取り組み

　お客さまにみずほのサービスを安心してご利用頂けるよう，お客さまに重大な影響を及ぼすシステム障害の発生を継続して防ぐため，改善対応の効果を維持し

ながら継続運用を確かなものとするため，不断の風化防止とあわせ，実効的な取り組みを継続してまいります。

　当社グループといたしましては，今一度，金融グループとしての社会的役割と公共的使命を自覚するとともに，「お客さま起点の徹底」と「業務の安定化」に全力を注ぎ，お客さま・社会のお役に立つ存在になることを目指してまいります。そして，お客さま，社会の皆さまから真に信頼される存在となるべく，全役職員が一丸となって取り組んでまいります。

■　中期経営計画

　外部環境・内部環境が大きく変化し複雑化する事業環境の中で，改めて，社員の拠り所となる企業理念を再定義するとともに，長期的な成長の方向性を定めた上で，5ヵ年経営計画（2019〜2023年度）を一年前倒しし，5ヵ年計画の最終年度の目標達成を前提とした新たな中期経営計画（2023〜2025年度）を策定しました。

　新中期経営計画の3年間を『お客さま，社会の課題に対し，様々な挑戦を繋ぎ，新たな解を創造する3年間』とし，サステナビリティを軸とした，メリハリある事業展開により経営資源を最大限に有効活用し，お客さま，社会とともに，その先の持続的な成長，豊かさへの礎を築くことを基本方針としています。

　〈みずほ〉が描く世界観として，「個人の幸福な生活」と，それを支える「サステナブルな社会・経済」に向け，社会課題の解決や持続的成長に向けた重点分野として，10年後の目指す世界からビジネス面での注力すべきテーマを明確にし，更に，その実現・成長を支える経営基盤を強化することとしました。

（重点取り組み領域）

（1）　ビジネス面における注力テーマ

　　●「資産所得倍増」に向けた挑戦

　　　▶NISAを起爆剤に資産形成取引を拡大するとともに，グループ一体の強みを活かし，コンサルティング人材の強化を通じて資産運用や資産承継ニーズを取り込み，お客さまとともに成長

　　●顧客利便性の徹底追求

　　　▶徹底したデジタル化と他社との連携も活用した利便性を徹底追求し，預金

口座の魅力を高め，安定的な個人預金と将来の資産運用・承継のお客さま層の獲得を実現
- ●日本企業の競争力強化
  - ▶大企業へのサステナビリティ対応を軸とした事業構造転換支援や，中堅上場企業にフォーカスした戦略的アプローチ等，法人のお客さまの企業価値向上や事業成長を徹底的に支援し，日本企業の国際競争力を高めることに貢献
- ●サステナビリティ＆イノベーション
  - ▶産業・事業構造のトランジションに対して資金供給体制を確立するとともに，サステナビリティも含むスタートアップ企業や新技術の確立を支援し，金融を超えた新規ビジネスの機会を創出
- ●グローバルCIBビジネス
  - ▶成長領域である米州・アジアへの経営資源を積極的に投入し，米州では〈みずほ〉の強みであるCIB（コーポレート＆インベストメントバンキング）モデル（銀行のバランスシートを使った貸出取引と金融資本市場プロダクツを一体的に提供する）を更に深化させ，アジアでは，域内ネットワークの『面』と，『国毎』の狙いを明確にしたメリハリある事業展開により地域の成長を取り込み
(2) 成長を支える経営基盤の強化
- ●企業風土の変革
  - ▶インターナルコミュニケーション（カルチャー改革）とブランドコミュニケーション（ブランド強化）の一体での推進を通じた社員・お客さまのエンゲージメントを向上
- ●人的資本の強化
  - ▶戦略に即した人材ローテーションや経営リーダーの育成などの戦略人事の徹底と，キャリア形成支援や働く環境作りなど社員ナラティブを大切にするアプローチを通じ，人的資本を強化
- ●DX推進力の強化
  - ▶グループの強みを最大限活用したインキュベーション・スケール化の促

進，および業務のデジタル化等による生産性向上，DX人材育成やデータ利活用等により，DX推進基盤を強化

● IT改革の推進

  ▶事業戦略実現に必要なIT投資拡大に向けた，システム構造の最適化，およびユーザーと一体で開発・運用および投資運営の高度化等を通じ，IT改革を推進

● 安定的な業務運営

  ▶システム障害風化防止と平時の危機対応力を強化

  ▶G-SIBsに相応しいサイバーセキュリティ態勢を不断に高度化

  ▶マネー・ローンダリング対策・テロ資金供与対策（AML/CFT）態勢を更に強化・拡充

[カンパニー・ユニットの取り組み]

  当社グループは，お客さまの属性に応じた銀行・信託・証券等グループ横断的な戦略を策定・推進する5つのカンパニーと，全カンパニー横断的に機能を提供する2つのユニットを設置し，グループを運営しております。2023年度のカンパニー・ユニット制は次の図のとおりです。

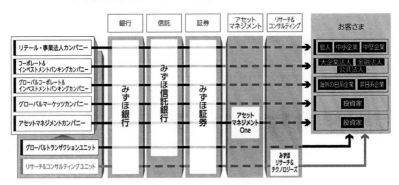

  なお，2023年4月1日に大企業・金融・公共法人カンパニーとグローバルプロダクツユニットの投資銀行機能を統合の上，「コーポレート＆インベストメントバンキングカンパニー」を新設し，グローバルプロダクツユニットのトランザクション機能は，「グローバルトランザクションユニット」として独立しました。さ

らに，コーポレート＆インベストメントバンキングカンパニーの新設に伴い，グローバルコーポレートカンパニーを「グローバルコーポレート＆インベストメントバンキングカンパニー」に改称しました。

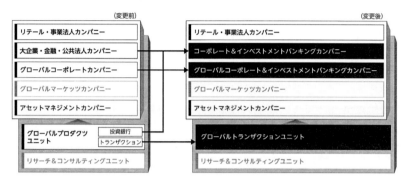

各カンパニー・ユニットの今後の取り組み方針（対処すべき課題）は次のとおりです。

リテール・事業法人カンパニー

個人・中小企業・中堅企業の顧客セグメントを担当するカンパニーとして，銀行・信託・証券等グループ一体となったコンサルティング営業や，先進的な技術の活用や他社との提携等を通じた利便性の高い金融・非金融サービスの提供等に取り組んでおります。

（今後の取り組み方針）

安定的な業務運営体制の構築・持続的強化を継続するとともに，お客さまの課題に対するソリューション提供力強化に向けメリハリのある経営資源配分を通じた事業成長・拡大フェーズへ転換を図ります。

具体的には，個人のお客さまに対しては，「人生100年時代」におけるライフデザインのパートナーとして，グループ一体で総合資産コンサルティングの更なる充実を図り，お客さまの想い・希望の実現に向けたサポートを行います。法人のお客さまに対しては，成長戦略を支援し企業価値の向上・継承・創出に向け，領域横断の取り組みによるニーズ対応力強化，リスクテイク力発揮によりお客さまの持続的成長を後押しします。

また，アライアンスやデジタルチャネル・決済サービスの改善を通じ，全てのお客さまに安心感を持ってご利用いただける利便性の高いサービスを提供いたします。

　2022年10月7日に，みずほ証券株式会社及び，楽天グループ株式会社の連結子会社である楽天証券ホールディングス株式会社は，「あらゆる個人のお客さまニーズに応える，本格的なハイブリッド型の総合資産コンサルティングサービス」を共同で実現すべく，戦略的な提携を行うことに合意いたしました。本提携に伴い，みずほ証券株式会社と楽天証券ホールディングス株式会社は同日付で株式譲渡契約書を締結し，併せて株主間契約を締結の上，2022年11月1日に，みずほ証券株式会社は楽天証券株式会社の普通株式の19.99％を取得し，楽天証券株式会社を持分法適用関連会社としております。

　2022年12月に株式会社J.ScoreとLINE Credit株式会社は，株式会社J.Scoreのコンシューマーレンディング事業を，LINE Credit株式会社に吸収分割方式により事業統合することに合意しました。LINE Credit株式会社を承継会社とする吸収分割方式とし，事業統合完了後に各種手続きを経て株式会社J.Scoreは清算される予定です。

　2019年5月に設立いたしましたLINE Bank設立準備株式会社では，銀行開業に向けた準備を進めてきましたが，2023年3月30日にプロジェクトを中止することを決定しております。取引先及び関係各社との調整を経て，LINE Bank設立準備株式会社の解散・清算手続等を進める予定です。

コーポレート＆インベストメントバンキングカンパニー

　国内の大企業法人・金融法人・公共法人の顧客セグメントを担当するカンパニーとして，お客さまの金融・非金融に関するニーズに対し，M&Aや不動産関連ビジネス等の投資銀行プロダクツ機能を通じて，お客さまごとのオーダーメード型ソリューションをグループ横断的に提供しております。

　（今後の取り組み方針）

　産業構造転換，社会的課題に対する関心の高まり，地政学的リスクの顕在化等により，お客さまを取り巻く環境は，急速に変化しています。そうした中，銀行・信託・証券に加え，みずほリサーチ＆テクノロジーズ等も含めたグループの総力

を結集し，産業知見や投資銀行を始めとしたプロダクツ知見を活かしたソリューション提供力を一層高めることで，サステナビリティ等の社会的課題の解決を通じてお客さまと日本経済の持続的成長に繋げ，価値共創パートナーとしての真価を発揮してまいります。

グローバルコーポレート＆インベストメントバンキングカンパニー

海外の日系企業及び非日系企業等を担当するカンパニーとして，お客さまの事業への深い理解と，銀証連携を軸としたグループ一体でのソリューション提供により，産業の変化・事業構造のトランスフォームを支える金融機能の発揮を目指してまいります。

（今後の取り組み方針）

〈みずほ〉が強みとする，米国資本市場におけるプレゼンスを活かし，CIB（コーポレート＆インベストメントバンキング）ビジネスモデルの確立に取り組むとともに，アジア経済圏におけるネットワークを活かし，金融面からお客さまのトランジションをサポートし社会的課題の解決に貢献していきます。

更なる事業ポートフォリオの最適化とリスクマネジメントの強化を通じて，持続的成長を実現してまいります。

2023年5月22日に，株式会社みずほフィナンシャルグループの子会社である米州みずほLLCは，関連当局の認可等の取得を前提として，米国M&Aアドバイザリー会社Greenhill & Co.,Inc.の全株式を取得することとしました。本件買収では，M&Aビジネスの強化に求められる「人材」，および実績に裏打ちされた「企業ブランド」を獲得し，〈みずほ〉としてグローバルなアドバイザリー機能を内製化することを狙いとし，米国資本市場ビジネスをさらに高いステージに成長させていきます。

グローバルマーケッツカンパニー

お客さまのヘッジ・運用ニーズに対してマーケット商品全般を提供するセールス＆トレーディング業務，資金調達やポートフォリオ運営等のALM・投資業務を担当しております。銀行・信託・証券の連携やCIB（コーポレート＆インベストメントバンキング）アプローチにより，マーケッツの知見を活かした〈みずほ〉にしかできないソリューション・プロダクトの提供を目指してまいります。

（今後の取り組み方針）

　セールス＆トレーディング業務においては，各地域での銀行・証券の実質一体運営の更なる深化により，お客さまへのソリューション提供力向上の継続及びセールス＆トレーディングのグローバル連携やDX活用を通じたトレーディング力強化により，更なるプレゼンス向上に取り組んでまいります。

　ALM・投資業務においては，不確実性の高い相場環境の継続が想定される中，予兆管理と緻密な市場分析による機動的なオペレーションを通じたリスクコントロールにより，安定的な収益を実現します。また，金融政策の転換が進むなかで，グローバルALM運営を深化させ，安定的で効率的な外貨資金調達を通じて，グループ全体のビジネスに貢献してまいります。

　加えて，セールス＆トレーディング・投資・資金調達の各分野におけるサステナビリティ推進・DX推進に取り組んでまいります。

アセットマネジメントカンパニー

　アセットマネジメントに関連する業務を担当するカンパニーとして，銀行・信託・証券及びアセットマネジメントOne株式会社が一体となって，個人から機関投資家まで，幅広いお客さまの資産運用ニーズに応じた商品やサービスを提供しております。

　（今後の取り組み方針）

　お客さまの中長期志向の資産形成をサポートし，国内金融資産の活性化に貢献してまいります。その達成に向けて，「選択と集中」により運用力・ソリューション提供力を一層強化し，NISAや個人型確定拠出年金（iDeCo）での税制度の後押しを追い風に，〈みずほ〉の強みである企業のお客さまとの接点も活かして，個人のお客さまの資産形成ニーズにグループ一体となって応えてまいります。また，安定的な業務運営に加え，人的資本投資・DXを活用した生産性向上など，持続的成長に不可欠なビジネス基盤強化に取り組んでまいります。加えて，非対面ビジネスへの対応等を通じ，更なる成長に向けて加速してまいります。さらに，投資先企業との建設的な「目的を持った対話」（エンゲージメント）や，ESG情報を投資プロセスに組み込んだ運用，商品提供により，お客さまの資産形成と社会・投資先企業の持続的成長に資する取り組みを推進してまいります。

グローバルプロダクツユニット

幅広いセグメントのお客さまに向けた，トランザクション分野のソリューション提供業務を担当しております。国内外決済や資金管理，証券管理等，各プロダクツに関する高い専門性を発揮し，高度化・多様化するお客さまのニーズに応えることを目指してまいります。

（今後の取り組み方針）

サプライチェーン・生産体制の見直し等の事業構造変化の動きや，各国の金融政策動向等を機敏に捉え，多様化するお客さまのニーズに柔軟に応えてまいります。国内外各拠点間で緊密に連携しながら，お客さまの課題解決に資するソリューション提供に努め，お客さまとともに〈みずほ〉の成長にも貢献してまいります。

また，決済業務の安定的な提供は金融機関の責務であり，インフラ基盤の維持・増強に最優先で取り組んでまいります。

加えて，決済分野における新技術・インフラの出現といった社会の潮流も踏まえつつ，長期的な視点での次世代ビジネスの創出にも取り組んでまいります。

リサーチ＆コンサルティングユニット

産業からマクロ経済まで深く分析するリサーチ機能と，経営戦略からサステナビリティ・デジタル等の専門分野にわたるコンサルティング機能を担うユニットとして，各カンパニーと緊密に連携し，グループ一体となってお客さまや社会に対する価値創造の拡大を目指します。

（今後の取り組み方針）

経済・社会の不透明感の高まりや，サステナビリティ・DXの潮流加速等を受けて，リサーチ・コンサルティング領域における人材獲得競争の激化が見込まれる中，高い専門性を有する人材の確保に向けた取り組みを強化してまいります。また，グループ一体運営のさらなる進化に加え，グループ外との連携等にも取り組み，お客さまや社会に対する価値創造を一層拡大してまいります。

2 事業等のリスク

　本項は，当社グループの事業等に関するリスクについて，投資者の判断に重要な影響を及ぼす可能性のある事項や，リスク要因に該当しない事項であっても，投資者の投資判断上，重要であると考えられる事項について記載しています。これらのリスクは互いに独立するものではなく，ある事象の発生により複数のリスクが増大する可能性があります。なお，当社は，これらのリスクの発生可能性を認識したうえで，発生を回避するための施策を講じるとともに，発生した場合には迅速かつ適切な対応に努める所存です。

　なお，本項に含まれている将来に関する事項は，有価証券報告書提出日現在において判断したものです。

1. 金融諸環境等に関するリスク ……………………………………………

① 国家間の対立や世界の分断に関するリスク

　足もとでは，ウクライナ情勢を踏まえ，欧米各国や日本等がロシアに対する経済制裁を実施しております。また，米国とその同盟国等による対中政策の強化と，中国による対抗措置の実施等，米中対立の拡大も懸念されます。こうした国家間の対立や世界の分断等により，当社グループの取引先等が事業の縮小やサプライチェーンの見直し等の事業戦略の再考を余儀なくされ，企業業績の悪化や金融市場の混乱が生じる可能性があります。これにより，当社グループにおいて，与信関係費用の増加や，保有資産等の評価損や減損の発生・拡大，資金流動性の低下等につながる可能性があります。また，国家間の対立における各国規制の強化に伴い，規制抵触による法令違反の発生やレピュテーションの悪化が発生する可能性があります。

　こうした事態が生じた場合，当社グループの業務運営や，業績及び財務状況に悪影響を及ぼす可能性があります。

② 金融経済環境の変化による悪影響

　当社グループは，日本国内の各地域及び米国や欧州，アジアなどの海外諸国において幅広く事業を行っております。日本やこれらの国，地域における経済状況が悪化した場合，あるいは，金融市場の著しい変動等が生じた場合には，当社グ

ループの事業の低迷や資産内容の悪化等が生じ，当社グループの業績及び財務状況に悪影響を及ぼす可能性があります。

③　法令諸規制の改正等による悪影響

　当社グループは，国内において事業活動を行う上で，会社法，独占禁止法や会計基準等，会社経営に係る一般的な法令諸規制や，自己資本比率規制を含む銀行法，金融商品取引法，信託業法等の金融関連法令諸規制の適用を受けております。また，海外での事業活動については，それぞれの国や地域の法令諸規制の適用も受けております。

　これらの法令諸規制は将来において新設・変更・廃止される可能性があり，その内容によっては，商品・サービスの提供の制限や，追加でのシステム開発負担につながる等，当社グループの業務運営や，業績及び財務状況に悪影響を及ぼす可能性があります。

④　環境・社会に配慮した投融資等の取り組みに係るリスク

　当社グループは，金融の円滑化を図り，経済・社会の持続可能な発展に貢献するため，社会的責任と公共的使命の重みを常に認識し，適切なリスク管理態勢のもと，高度なリスクテイク能力を活用した金融仲介機能の発揮に努めています。

　昨今，気候変動への対応，生物多様性保全，人権尊重をはじめとする環境・社会課題の顕在化に伴い，当社グループを取り巻くステークホルダーからは，資金提供者として，環境・社会に一層配慮することが期待されています。かかる背景から，当社グループは，取引を通じて環境・社会に対する負の影響を助長する可能性が高いセクターに関する取り組みやセクター横断的な取り組みを加えた包括的な方針を制定するなど，環境・社会リスクの低減・回避に向けた取り組みを強化しています。

　しかしながら，ステークホルダーからの期待・目線は日増しに高まっており，当社グループや投融資先企業の取り組みが期待から大きく乖離した場合等には，当社グループのレピュテーションの毀損・与信関係費用の増加等により，当社グループの業務運営や，業績及び財務状況に悪影響を及ぼす可能性があります。

⑤　気候変動リスク

　2015年に「パリ協定」が採択されて以降，気候変動の原因とされる温室効果ガ

スの削減を目的とした取り組みが世界的に進められています。また，2021年の
第26回国連気候変動枠組条約締約国会議（COP26）において，世界の平均気温
の上昇を1.5度に抑える努力を追求することが決意され，2022年のCOP27にお
いても本目標が再確認されるなど，気候変動対策に向けた各国政府等の取り組み
は加速しており，様々な環境・社会課題の中でも気候変動リスクへの対応の重要
性がますます高まっています。

　当社グループは，気候変動が環境・社会，人々の生活・企業活動にとっての脅
威であり，金融市場の安定にも影響を及ぼしうる最も重要なグローバル課題の一
つであると認識しています。気候変動リスクとしては，低炭素経済への移行に伴
い，広範囲に及ぶ政策・法規制・技術・市場の変化が生じることに起因する移行
リスク，気候変動により，資産に対する直接的な損傷や，サプライチェーンの寸
断による間接的な影響等が生じる物理的リスクが挙げられます。このうち，移行
リスクについては，温室効果ガスの高排出セクターに対する与信関係費用の中・
長期的な増加や，石炭火力発電をはじめとする化石燃料関連へのファイナンスに
伴うレピュテーションの悪化などが代表的なリスクとして想定されます。また，
物理的リスクとしては，台風・豪雨等の異常気象事象の激化に伴うお客さまの事
業停滞による業績悪化影響，及び，担保価値の毀損を通じた与信関係費用の増加
等の急性リスクや，感染症や熱中症の増加等によるマクロ経済の悪化に起因した
与信関係費用の増加等の慢性リスクなどが代表的です。

　当社グループはこれらのリスクを管理するために，グローバルな潮流・動向も
捕捉しながら，戦略やリスク管理態勢の見直しを実施しておりますが，こうした
取り組みが奏功せず気候変動リスクが顕在化した場合には，当社グループの業務
運営や，業績及び財務状況に悪影響を及ぼす可能性があります。

⑥　LIBOR等の指標金利に関するリスク

　当社グループは，多数の法人・個人等のお客さまにローン・預金・債券・デリ
バティブ等の広範な商品，サービスを提供しておりますが，これらには米ドルを
はじめとする多くの通貨でロンドン銀行間取引金利（以下「LIBOR」という）等の
指標金利を参照する商品・サービスが含まれています。また，当社グループは，
このような指標金利を参照する商品等を保有し，当該指標金利を参照する負債等

（point）**生産及び販売の状況**

　　生産高よりも販売高の金額の方が大きい場合は，作った分よりも売れていることを意
　　味するので，景気が良い，あるいは会社のビジネスがうまくいっていると言えるケー
　　スが多い。逆に販売額の方が小さい場合は製品が売れなく，在庫が増えて景気が悪く
　　なっていると言える場合がある。

を有し，さらに当該指標金利は，当社グループ内における金融商品の評価等においても利用されております。

　2012年以降に顕在化した，一連のLIBOR不正操作問題などを踏まえ，金融安定理事会（FSB）は，2014年7月に公表した報告書の中で，金融指標の信頼性・透明性向上を図るべく，指標金利としてリスクフリーレートの構築を提言しました。また，2017年7月には英国の金融行動監視機構長官（FCA）が，2021年末以降はLIBOR維持のためにパネル行にレート呈示を強制する権限を行使しない旨を表明しました。その後，LIBORの運営機関であるIBAが，2021年3月に，2021年末以降は日本円，英ポンド，欧ユーロ，スイスフランのLIBOR及び一部の米ドルLIBORについて，2023年6月末以降はその他の米ドルLIBORについて，それぞれ公表を停止することを表明し，これを踏まえて，FCAはLIBORの恒久的公表停止及び代表性喪失に関して正式に発表しました。その後，2021年12月末をもって，日本円，英ポンド，欧ユーロ，スイスフランの4通貨および，米ドルの1週間物・2か月物のLIBORが予定通り公表停止されました。

　LIBOR等の指標金利の公表停止及び後継指標への移行に向けて，当社グループでは，グループ全体で対応策を講じ，2023年6月末に公表停止を迎えるその他の米ドルLIBORも含め，後継指標への移行は，計画通り進捗しております。この中で，参照金利や評価方法の変更等により，指標金利を参照する当社グループの金融資産及び金融負債につき損失が発生し，また，商品・サービスの提供の制限や，既存の商品・サービスに関する訴訟リスクの増大や追加でのシステム開発が必要になること等に伴う費用の増加等の要因により当社グループの業績や財務状況に悪影響を及ぼす可能性があります。

⑦　金融業界の競争激化による悪影響

　当社グループは，「銀行・信託・証券」を中心にグローバルに総合金融サービスを提供しており，国内外の大手金融機関やノンバンク等との激しい競争環境に晒されています。また，昨今は様々なテクノロジー（いわゆる FinTech）の進展により業種の垣根を越えて多くの企業による金融領域への新規参入が相次ぐなど，当社グループを取り巻く競争環境はますます激化する可能性があります。さらに，これまで進められてきた金融規制改革により，競合他社との戦略の差別化

（point）**対処すべき課題**

　有報のなかで最も重要であり注目すべき項目。今，事業のなかで何かしら問題があればそれに対してどんな対策があるのか，上手くいっている部分をどう伸ばしていくのかなどの重要なヒントを得ることができる。また今後の成長に向けた技術開発の方向性や，新規事業の戦略についての理解を深めることができる。

が難しくなり，特定のビジネスにおける競争環境が激化していく惧れもあります。当社グループが，競争に十分対応することができない場合には，当社グループの業務運営や，業績及び財務状況に悪影響を及ぼす可能性があります。また，競争激化等に伴い，金融業界において金融機関の再編が進み，当社グループの競争力や当社の株価に悪影響を及ぼす可能性があります。

⑧　災害・テロ・感染症等の発生による悪影響

当社グループは，国内外において店舗，事務所や電算センター等の施設等を保有しておりますが，このような施設等は常に地震や台風等の災害やテロ・犯罪等の発生による被害を受ける可能性があります。また，感染症の流行により，当社グループの業務運営に支障が生じる可能性があります。当社グループは，各種緊急事態を想定したコンティンジェンシープランを策定し，バックアップオフィスの構築等，緊急時における態勢整備を行っておりますが，被害の程度によっては，当社グループの業務の一部が停止する等，当社グループの業務運営や，業績及び財務状況に悪影響を及ぼす可能性があります。例えば，2011年3月に発生した東日本大震災のような大規模な災害や新型コロナウイルスのような感染症の流行に起因して，景気の悪化，多数の企業の経営状態の悪化，株価の下落等が生じる可能性があります。その結果，当社グループの不良債権及び与信関係費用が増加したり，保有株式や金融商品等において売却損や評価損が生じること等により，当社グループの業績及び財務状況に悪影響を及ぼす可能性があります。

2．財務面に関するリスク

（1）　不良債権処理等に係るリスク

① 与信関係費用の増加等による追加的損失の発生

当社グループは，多くの与信先についてメインバンクとなっているとともに，相当程度大口の与信先があります。また，与信先の業種については分散に努めておりますが，不動産業，製造業，金融・保険業向けの与信の割合が相対的に高い状況にあります。

当社グループは，個々の与信先の信用状態や再建計画の進捗状況を継続的にモニタリングするとともに，企業グループやリスク事象発現時に影響が想定される

特定業種への与信集中状況等を定期的にモニタリングするポートフォリオ管理を実施しているほか，クレジットデリバティブの活用によるヘッジ及び信用リスクの減殺を行っております。また，与信先から差入れを受けている担保や保証の価値についても定期的に検証しております。

しかしながら，国内外のクレジットサイクルの変調，特定の業界における経営環境の変化，不動産等の資産価格下落等によっては，想定を超える新たな不良債権の発生，メインバンク先や大口与信先の信用状態の急激な悪化，特定の業界の与信先の信用状態の悪化，担保・保証の価値下落等が生じる可能性があります。こうした事象によって，与信関係費用が増加する等追加的損失が発生し，当社グループの業績及び財務状況に悪影響を及ぼす可能性があります。

② 貸倒引当金の状況

当社グループは，自己査定基準，償却・引当基準に基づき，与信先の状況，差入れられた担保の価値及び経済動向を考慮した上で，貸倒引当金を計上しております。

償却・引当の計上にあたっては，貸出資産を適正に評価し，市場売却を想定した厳正な担保評価を行っておりますが，国内外の経済情勢の悪化，与信先の業況の悪化，担保価値の下落等により，多くの与信先で貸倒引当金及び貸倒償却等の与信関係費用や不良債権残高が増加する可能性があり，その結果，当社グループの経営成績及び財政状態に影響を及ぼす可能性があります。

(2) 保有資産等の価格変動等に係るリスク

① 株価下落による追加的損失の発生

当社グループは，国内上場企業の普通株式を中心に，市場性のある株式を大量に保有しております。当社グループでは，「上場株式の政策保有に関する方針」を掲げ，株価変動リスクが財務状況に大きな影響を与えうることに鑑み，その保有の意義が認められる場合を除き，上場株式を政策保有しないことを基本方針としており，売却を計画的に進めております。また，必要に応じて部分的にヘッジを行うことによりリスク削減にも努めております。しかしながら，これらの保有株式の株価が下落した場合には評価損や売却損が発生する可能性があります。

また，当社グループの自己資本比率の計算においては，自己資本の算出にあたり，保有株式の含み損益を勘案していることから，株価が下落した場合には，自己資本比率が低下する可能性があります。

　その結果，当社グループの業績及び財務状況に悪影響を及ぼす可能性があります。

　「上場株式の政策保有に関する方針」及び政策保有株式の保有意義検証等の概要については，当社の「コーポレートガバナンスに関する報告書」をご覧ください。
https://www.mizuho-fg.co.jp/company/structure/governance/pdf/g_report.pdf

② 金利の変動による追加的損失の発生

　当社グループは，投資等を目的として国債をはじめとする市場性のある債券等を大量に保有しているため，金利上昇に伴う価格の下落により，評価損や売却損が発生する可能性があります。また，当社グループの金融資産と負債の間では満期等に違いがあるため，金利変動により損失が発生する可能性があります。当社グループは，厳格なリスク管理体制の下，必要に応じて債券の売却や銘柄の入れ替え，デリバティブ取引等によるヘッジを行う等，適切な管理を行っておりますが，金融政策の変更や，財政悪化等によるソブリンリスク顕在化，その他市場動向等により大幅に金利が変動した場合には，当社グループの業績及び財務状況に悪影響を及ぼす可能性があります。

③ 外国為替相場の変動による追加的損失の発生

　当社グループは，資産及び負債の一部を米ドル等の外貨建てで有しております。外貨建ての資産と負債が通貨毎に同額ではなく互いに相殺されない場合には，その資産と負債の差額について，為替相場の変動により円貨換算額が変動し，評価損や実現損が発生する可能性があります。当社グループでは，必要に応じ適切なヘッジを行っておりますが，予想を超える大幅な為替相場の変動が発生した場合には，当社グループの業績及び財務状況に悪影響を及ぼす可能性があります。

④ 保有資産の市場流動性低下による追加的損失の発生

　当社グループは，市場で取引される様々な資産を保有しておりますが，金融市場の混乱等により保有資産の市場流動性が著しく低下し，その結果，保有資産の価値が下落する可能性があります。グローバルな金融市場混乱や経済・金融環境

の悪化等により，保有資産の市場流動性が著しく低下した場合には，当社グループの業績及び財務状況に悪影響を及ぼす可能性があります。

⑤ 退職給付債務等の変動による追加的損失の発生

当社グループの退職給付費用及び債務は，年金資産の期待運用利回りや将来の退職給付債務算出に用いる年金数理上の前提条件に基づいて算出しておりますが，株式相場並びに金利環境の急変等により，実際の結果が前提条件と異なる場合，又は前提条件に変更があった場合には，退職給付費用及び債務が増加する可能性があります。また，当社グループの退職給付制度を改定した場合にも，追加的負担が発生する可能性があります。その結果，当社グループの業績及び財務状況に悪影響を及ぼす可能性があります。

⑥ 繰延税金資産に係る財務上の影響

繰延税金資産については，現行の会計基準に従い，将来の課税所得見積りを合理的に行った上で計上しておりますが，将来の課税所得見積額の変更や税制改正に伴う税率の変更等により，繰延税金資産が減少し，当社グループの業績及び財務状況に悪影響を及ぼす可能性があります。

⑦ ヘッジ目的等の金融取引に係る財務上の影響

ヘッジ目的等で利用するクレジットデリバティブや株式関連デリバティブ等の金融取引については，ヘッジ対象資産と会計上の取扱いや評価方法が異なる場合があります。そのため，市場の変動等により，ある特定の期間において，ヘッジ対象資産の評価が上昇しても，当該金融取引から損失のみが発生する場合があり，当社グループの業績及び財務状況に悪影響を及ぼす可能性があります。

⑧ 固定資産の減損に係るリスク

当社グループは，保有する有形固定資産及び無形固定資産について，現行の会計基準に従い減損会計を適用しておりますが，当該資産に係る収益性の低下や時価の下落等により，投資額の回収が見込めなくなった場合は減損損失を認識する可能性があります。減損損失を認識した場合，当社グループの業績及び財務状況に悪影響を及ぼす可能性があります。

（3）　資金調達等に係るリスク ···

① 　資金調達が困難となることによる追加的損失の発生

　　当社グループの資金調達は，主に預金，債券発行及び市場からの調達により行っております。特に，外貨資金は，円貨資金に比べ市場からの調達の依存度が高くなっております。そのため，資金調達の安定性の観点から，今後必要となる資金調達額に対する上限額の設定や資金繰りの状況に応じた対応方針の策定等，厳格な管理を行っております。

　　しかしながら，国内外の景気悪化，金融システム不安，金融市場の混乱等により資金流動性が低下した場合，あるいは当社グループの業績や財務状況の悪化，格付の低下や風説・風評の流布等が発生し，予想外の資金流出が発生した場合には，資金調達コストの増加や，外貨資金調達等に困難が生じることがあり，当社グループの業務運営や，業績及び財務状況に悪影響を及ぼす可能性があります。

② 　格付引き下げによる悪影響

　　当社や銀行子会社等，当社グループの一部の会社は，格付機関から格付を取得しております。格付の水準は，当社グループから格付機関に提供する情報のほか，格付機関が独自に収集した情報に基づいています。また，日本国債の格付や日本の金融システム全体に対する評価等の影響も受けているため，常に格付機関による見直し・停止・取下げが行われる可能性があります。

　　仮に格付が引き下げられた場合には，資金調達コストの上昇や資金調達の困難化，市場関連取引における追加担保の提供，既存取引の解約等が発生する可能性があり，当社グループの業務運営や，業績及び財務状況に悪影響を及ぼす可能性があります。

　　例えば，当社グループのデリバティブ契約に基づき格下げによる追加担保の金額を試算すると，他の条件が不変であれば，2023年3月末に1ノッチの格下げがあった場合は約85億円，2ノッチの格下げの場合は約251億円となります。

（4）　自己資本比率等に係るリスク ···

① 　自己資本比率規制

　　当社グループ及び銀行子会社には，バーゼル銀行監督委員会が公表したバーゼ

ルⅢテキスト（銀行の自己資本と流動性に係る国際的な基準の詳細を示すもの）
に基づき，金融庁の定める自己資本比率規制（当社グループがグローバルなシス
テム上重要な銀行（G-SIBs）に選定されていることに伴う，G-SIBsバッファーに
係る規制を含む）が適用されております。また，バーゼル銀行監督委員会が公表
したバーゼルⅢの見直しに係る最終規則文書に基づく改正後の自己資本比率規制
は，2024年3月末から当社グループに適用されます。

　仮に当社グループや銀行子会社の自己資本比率が一定基準を下回った場合に
は，その水準に応じて，金融庁から社外流出の制限や資本の増強を含む改善計画
の提出，さらには総資産の圧縮又は増加の抑制，一部業務の縮小，子会社等の株
式の処分，業務の全部又は一部の停止等の是正措置を求められる可能性がありま
す。加えて，当社グループの一部銀行子会社は，米国その他の事業を行う諸外国・
地域において，現地の自己資本比率規制に服しており，当該規制に抵触した場合
には，現地当局から様々な規制及び命令を受ける可能性があります。かかる事態
が生じた場合，当社グループの業務運営や，業績及び財務状況に悪影響を及ぼす
可能性があります。

② 　レバレッジ比率規制

　当社グループ及び銀行子会社には，バーゼル銀行監督委員会が公表したバーゼ
ルⅢテキストに基づき，金融庁の定めるレバレッジ比率規制が適用されておりま
す。また，バーゼル銀行監督委員会が公表したバーゼルⅢの見直しに係る最終規
則文書に基づき，G-SIBsに対するレバレッジ比率の上乗せ措置（レバレッジ・バッ
ファー）に係る規制が2023年3月末から適用されています。さらに，当該最終
規則文書に基づくレバレッジ比率の算出方法の改正については，2024年3月末
から実施されます。

　仮に当社グループや銀行子会社のレバレッジ比率が一定基準を下回った場合に
は，その水準に応じて，金融庁から社外流出の制限や，資本の増強に係る措置を
含む改善計画の提出，さらには総資産の圧縮又は増加の抑制，一部業務の縮小，
子会社等の株式の処分，業務の全部又は一部の停止等の是正措置を求められる可
能性があります。加えて，当社グループの一部銀行子会社は，米国その他の事業
を行う諸外国・地域において，現地のレバレッジ比率規制に服しており，当該規

制に抵触した場合には，現地当局から様々な規制及び命令を受ける可能性があります。かかる事態が生じた場合，当社グループの業務運営や，業績及び財務状況に悪影響を及ぼす可能性があります。

③　総損失吸収力（TLAC）規制

G-SIBsに選定されている当社グループ及び主要子会社には，FSBが公表した「グローバルなシステム上重要な銀行の破綻時の損失吸収及び資本再構築に係る原則」等に基づき，金融庁の定めるTLAC規制が適用されております。

仮に当社グループの外部TLAC比率や主要子会社の内部TLAC額が一定基準を下回った場合には，金融庁から外部 TLAC比率の向上や内部TLAC額の増加に係る改善策の報告を求められる可能性に加えて，業務改善命令を受ける可能性があります。かかる事態が生じた場合，当社グループの業務運営や，業績及び財務状況に悪影響を及ぼす可能性があります。

④　資本調達

普通株式等Tier1資本を除き，当社グループの資本調達（TLAC規制に対応した調達を含む）は，主に債券発行により行っております。

仮に当社グループの業績や財務状況の悪化，格付の低下や風説・風評の流布等のほか，国内外の景気悪化，金融システム不安や金融市場の混乱等が生じた場合には，資本調達コストの増加や，十分な資本調達が出来ないことにより，企図した水準への自己資本比率等の向上が図れない事象等が生じる可能性があります。かかる事態が生じた場合，当社グループの業務運営や，業績及び財務状況に悪影響を及ぼす可能性があります。

3. 業務面に関するリスク

①　システムリスクの顕在化による悪影響

当社グループは，勘定系・決済系等の巨大なコンピュータシステムを保有しており，国内外の拠点をはじめ，お客さまや各種決済機構等のシステムとグローバルなネットワークで接続されています。

当社グループは，日頃よりシステムの安定稼動の維持に努めるとともに，重要なシステムについては，原則としてバックアップを確保する等，不測の事態に備

えたコンティンジェンシープランを策定しております。

　しかしながら，過失，事故，サイバー攻撃，システムの新規開発・更新等により重大なシステム障害が発生した場合には，こうした対策が有効に機能しない可能性があります。

　2021年2月以降，株式会社みずほ銀行（同年8月20日の障害は，みずほ信託銀行株式会社も含む）において複数のシステム障害が発生し，営業部店やATMでの取引，インターネットバンキング取引，内為・外為取引等が一部不能となりました。これに伴い，当社及び株式会社みずほ銀行は，2021年9月22日及び同年11月26日に銀行法第52条の33第1項及び同法第26条第1項に基づき，金融庁より業務改善命令を受けました。その後，11月26日付の業務改善命令に基づき，当社及び株式会社みずほ銀行は，2022年1月17日に金融庁へ業務改善計画を提出いたしました。また，同命令に基づき，当該業務改善計画の実施状況について，2022年3月末の実施状況を初回として，以降3ヶ月毎に報告を実施しており，直近では2023年4月14日に報告書を金融庁に提出いたしました。

　このような事案を含め，システムリスクが顕在化した場合には，情報の流出，誤作動，業務の停止及びそれに伴う損害賠償，行政処分，レピュテーションの毀損等により，当社グループの業務運営や，業績及び財務状況に悪影響を及ぼす可能性があります。

② サイバー攻撃等による悪影響

　当社グループが保有する多くのシステムは，国内外の拠点をはじめ，お客さまや各種決済機構等のシステムと，グローバルなネットワークで接続されております。当社グループは，サイバー攻撃の高度化・裾野拡大を踏まえて，サイバーセキュリティ対策を経営の重要課題と認識し，経営主導のもと，「サイバーセキュリティ経営宣言」に基づいて，継続的にサイバーセキュリティ対策を推進しています。このサイバーセキュリティ対策の推進状況については，経営会議・取締役会まで報告を行い，必要に応じてサイバーセキュリティに関する方針や資源配分を見直しております。また，当社グループ・グローバルのサイバーセキュリティ管理業務全体を統括するグループCISO*1に加え，主要な子会社にもCISOを設置しています。

（point）**事業等のリスク**

　「対処すべき課題」の次に重要な項目。新規参入により長期的に価格競争が激しくなり企業の体力が奪われるようなことがあるため，その事業がどの程度参入障壁が高く安定したビジネスなのかなど考えるきっかけになる。また，規制や法律，訴訟なども企業によっては大きな問題になる可能性があるため，注意深く読む必要がある。

Mizuho-CIRT*2を中心に，高度なプロフェッショナル人材を配置し，統合SOC*3等による24時間365日の監視体制を整え，ウイルス解析，多層的防御等，レジリエンス態勢強化に取り組むとともに，社内検証だけでなく第三者による客観的評価も実施することで，対策強化を図っております。また，有事に備え，TLPT*4や半年に1回以上のフィッシングメール訓練等の実施，サイバーセキュリティ知識向上のためのe-ラーニングの提供等の人材育成，サプライチェーン対策，お客さまの意識啓発にも注力しております。

　しかしながら，こうした強化策が奏功せず，サイバー攻撃によるサービス停止，データ改ざん，情報漏えい，不正送金，外部委託先等の第三者を経由したサイバー攻撃等が発生した場合には，それに伴う損害賠償，行政処分，レピュテーションの毀損等により，当社グループの業務運営や，業績及び財務状況に悪影響を及ぼす可能性があります。

＊1　Chief Information Security Officer
＊2　Cyber Incident Response Team
＊3　Security Operation Center
＊4　Threat Led Penetration Test（実際の技術を使用してシステム侵害を試みることで，セキュリティの強度を確認するテスト）

③　個人情報等の漏洩等の発生による悪影響

　当社グループは，多数の法人・個人のお客さまの情報を保有しているほか，様々な内部情報を有しております。特に，個人情報については，個人情報保護法の下で，情報の漏えいや不正なアクセスを防止するため，より厳格な管理が要求されております。当社グループにおいても情報管理に関するポリシーや事務手続を策定しており，役職員に対する教育・研修等により情報管理の重要性の周知徹底，システム上のセキュリティ対策等を行い，外部委託先についても同様に情報管理態勢を監督しておりますが，こうした対策が必ずしも有効に機能するとは限りません。今後，仮に重要な情報が外部に漏えいした場合には，損害賠償，行政処分，レピュテーションの毀損等により，当社グループの業務運営や，業績及び財務状況に悪影響を及ぼす可能性があります。

④　マネー・ローンダリング及びテロ資金供与対策上の不備に係るリスク

　金融犯罪が多様化かつ高度化し，世界各所でテロ犯罪が継続的に発生する等，マネー・ローンダリング及びテロ資金供与対策（以下「マネロン対策」という）の

重要性が急速に高まっております。「マネー・ローンダリング及びテロ資金供与対策に関するガイドライン」（2021年2月改正）の本邦金融当局からの発出や，2021年8月の我が国のマネロン対策に関する法規制の遵守状況及び対策の実効性を審査するFATF第4次対日相互審査結果の公表など，金融機関のマネロン対策の強化が課題となっています。当社グループは，国内外において事業活動を行う上で，国内外の法令諸規制の適用及びそれに基づく国内外の金融当局の監督を受けており，当社グループでは，国内外の法令諸規制を遵守する態勢を整備するとともに，マネロン対策の更なる強化を継続的に実施しております。

　しかしながら，マネロン対策が有効に機能せず，仮に法令諸規制の違反等が発生した場合には，業務停止，制裁金等の行政処分，レピュテーションの毀損等により，当社グループの業務運営や，業績及び財務状況に悪影響を及ぼす可能性があります。

　株式会社みずほ銀行は，外為法第17条に基づく銀行等の確認義務の履行に関し，2021年11月26日に財務省より是正措置命令を受け，同年12月17日に改善・再発防止策等に係る報告書を財務省に提出いたしました。同命令に基づき2022年1月以降毎四半期末日までに状況報告を実施しており，直近では2023年3月31日に報告書を財務省に提出いたしました。

⑤　テロ支援国家との取引に係るリスク

　米国法上，米国人は，米国国務省によりテロ支援国家と指定された国（イラン，シリア，北朝鮮，キューバ。以下「指定国」という）と事業を行うことが一般的に禁止されており，当社グループは，関係する米国法を遵守する態勢を整備しております。但し，米国外の拠点において，関係法令の遵守を前提に，顧客による輸出入取引に伴う貿易金融やコルレス口座の維持等，指定国に関連する業務を限定的に行っております。なお，イランには，駐在員事務所を設置しています。指定国に関係するこれらの業務は，当社グループ全体の事業，業績及び財務状態に比し小規模であり，また，関係する日本及び米国の法令を遵守する態勢を整備しております。

　指定国が関与する取引に関わる規制は今後強化もしくは改定されていく可能性があり，当社グループの法令遵守態勢が米国における規制に十分対応できていな

いと米国政府に判断された場合には，当社グループの業務運営に悪影響を及ぼすような，米国政府による何らかの規制上の措置の対象となる可能性があります。また，顧客や投資家を失う，ないしは当社グループのレピュテーションが毀損することで，当社グループの業務運営又は当社の株価に悪影響を及ぼす可能性があります。

⑥　不公正な市場取引に係るリスク

当社グループは，国内外において市場業務を行う上で，不公正な市場取引に係る本邦及び他国の法令諸規制や取引所規則等の適用とともに国内外の金融当局の監督を受けております。

当社グループは，不公正な市場取引に係る法令諸規制や取引所規則等が遵守されるよう，役職員に対するコンプライアンスの徹底やコンプライアンス・リスク管理等を行っておりますが，こうした対策が必ずしも有効に機能するとは限りません。

今後，仮に不公正な市場取引に係る法令諸規制の違反等が発生した場合には，関係当局からの処分やレピュテーションの毀損等により，当社グループの業務運営や，業績及び財務状況に悪影響を及ぼす可能性があります。

⑦　法令違反等の発生，役職員による不適切な行為・不作為による悪影響

当社グループは，国内において事業活動を行う上で，会社法や独占禁止法等，会社経営に係る一般的な法令諸規制や，銀行法，金融商品取引法，信託業法等の金融関連法令諸規制の適用，金融当局の監督を受けております。また，海外での事業活動については，それぞれの国や地域の法令諸規制の適用とともに金融当局の監督を受けております。さらに，当社グループ及びグループ役職員は，法令諸規制やルールを遵守することのみならず，「顧客や社会から期待される水準」，「社会的規範や目線」に即した行動を取ることが求められていますが，その水準や目線は日々高まるとともに内容は変容していくことが想定されます。

当社グループは，上記を踏まえ，役職員に対するコンプライアンスの徹底や健全なリスクカルチャーの浸透及び醸成に向けた取り組み，法務リスク管理等を行っておりますが，こうした対策が必ずしも有効に機能するとは限りません。

今後，仮に法令違反等や役職員による不適切な行為・不作為が発生した場合に

は，行政処分やレピュテーションの毀損等により，当社グループの業務運営や，業績及び財務状況に悪影響を及ぼす可能性があります。

⑧　当社グループの戦略，施策が奏効しないリスク

　当社グループは，2023年5月に発表した，2023年度から2025年度までの3年間を計画期間とする当社グループの経営計画等，様々な戦略や施策を実行しております。

　しかしながら，こうした戦略や施策が実行できない，あるいは，たとえ戦略や施策が実行できた場合でも当初想定した成果の実現に至らない可能性，本項に示した各種リスクの顕在化又は経済環境の変化等により発表した

　数値目標を達成できない可能性があります。

　なお，当社グループの経営計画の内容につきましては，有価証券報告書「第2事業の状況 1．経営方針，経営環境及び対処すべき課題等」をご覧ください。

⑨　業務範囲の拡大等に伴う新たなリスクの発生による悪影響

　当社グループは，総合金融コンサルティンググループとして，銀行業・信託業・証券業をはじめとする様々な業務を行っております。さらに，お客さまのニーズの高度化や多様化，ないしは規制緩和の進展等に応じた新たな業務分野への進出や各種業務提携，資本提携を実施しております。当社グループは，こうした新たな業務等に伴って発生する種々のリスクについても適切に管理する体制を整備しております。しかしながら，想定を超えるリスクが顕在化すること等により，当社グループの業務運営や，業績及び財務状況に悪影響を及ぼす可能性があります。

⑩　事務リスクの顕在化による悪影響

　当社グループは，幅広い金融業務において大量の事務処理を行っております。これらの多様な業務の遂行に際して，役職員による過失等に起因する不適切な事務が行われることにより，損失が発生する可能性があります。

　当社グループは，各業務の事務取扱を明確に定めた事務手続を制定するとともに，事務処理状況の定期的な点検を行っており，さらに本部による事務指導の強化や管理者の育成，システム化等を推進しておりますが，こうした対策が必ずしも有効に機能するとは限りません。今後，仮に重大な事務リスクが顕在化した場合には，損失の発生，行政処分，レピュテーションの毀損等により，当社グルー

プの業務運営や，業績及び財務状況に悪影響を及ぼす可能性があります。

⑪　人事上のリスクの顕在化による悪影響

　当社グループは，多数の従業員を雇用しており，日頃より多様な人材の確保や育成等に努めております。しかしながら，十分に人材を確保・育成できない場合には，当社グループの競争力や効率性が低下し，業務運営や，業績及び財務状況に悪影響を及ぼす可能性があります。

⑫　財務報告に係る内部統制の構築等に関するリスク

　当社は，ニューヨーク証券取引所上場企業であり，当社グループは，米国サーベンス・オクスリー法に準拠した開示体制及び内部統制の強化を行っております。同法により，当社経営者及び監査法人はそれぞれ当社の財務報告に係る内部統制の有効性を評価し，その評価結果をForm20-Fにより報告することが求められています。

　また，金融商品取引法においても，当社経営者による財務報告に係る内部統制の有効性の評価，及び経営者評価に対する監査法人の意見を内部統制報告書及び内部統制監査報告書により報告することが求められています。

　当社グループは，上記に従い財務報告に係る内部統制の構築を行っており，評価の過程で発見された問題点は速やかに改善するべく努力しております。しかしながら，改善が間に合わない場合や，経営者が内部統制を適正と評価したとしても監査法人は不適正とする場合があり，その場合，当社グループの財務報告の信頼性に悪影響を及ぼす可能性があります。

⑬　訴訟に関するリスク

　当社グループは，国内外において銀行業務を中心に様々な金融業務を行っておりますが，こうした業務を行うにあたり，損害賠償請求訴訟等の提起を受ける可能性があり，その場合，訴訟の動向によっては，当社グループの業務運営や，業績及び財務状況に悪影響を及ぼす可能性があります。

⑭　レピュテーショナルリスク

　当社グループの事業は，お客さま，社員の他，経済・社会における様々なステークホルダーからの信用に大きく依存しております。そのため，当社グループおよびその役職員が提供するサービス・活動が，ステークホルダーの期待・要請から

大きく乖離していると評価された場合には，当社グループの信用またはブランドに対して負の影響が及び，有形無形の損失を被る可能性があります。当社グループは，こうしたレピュテーショナルリスクを早期に捕捉し，適切に対応することで，リスクの顕在化を未然に防止するよう努めております。しかしながら，こうした取り組みが十分に機能せず，ステークホルダーの期待・要請に沿わない結果となった場合には，当社グループの業務運営や，業績及び財務状況，ないしは当社の株価に悪影響を及ぼす可能性があります。

⑮　リスク管理の方針及び手続が有効に機能しないリスク

　当社グループは，リスク管理の方針及び手続に則りリスク管理の強化に注力しております。しかしながら，急速な業務展開に伴い，リスクを特定・管理するための方針及び手続が，必ずしも有効に機能するとは限りません。また，当社グループのリスク管理手法は，過去の市場動向に基づいている部分があることから，将来発生するリスクを正確に予測できるとは限りません。当社グループのリスク管理の方針及び手続が有効に機能しない場合，当社グループの業績及び財務状況に悪影響を及ぼす可能性があります。

⑯　分配可能額等に関するリスク

　持株会社である当社は，その収入の大部分を傘下の銀行子会社等から受領する配当金に依存しておりますが，会社法の制限等により，当該銀行子会社等が当社に対して配当金を支払わない可能性があります。また，当社の業績及び財務状況の悪化や，会社法の制限や銀行の自己資本規制の強化に伴う配当制限等により，当社株主への配当の支払や当社グループが発行する一部の資本性証券の配当又は利払いが困難もしくは不可能となる可能性があります。

トップリスク運営

　当社は，当社グループに重大な影響を及ぼすリスク認識をトップリスクとして選定する「トップリスク運営」を導入しています。企業価値毀損につながるようなリスク事象を当社の脆弱性や外部環境変化等を踏まえて幅広く収集した後，リスクの波及経路や蓋然性・影響度等の評価をもとに重要なリスク事象を選定し，リスクコントロールの難度も勘案の上，経営陣での議論を踏まえトップリスクを

選定しております。この運営を通じて当社グループ内のリスクコミュニケーションを深め，リスク認識に対する目線の統一を図り，関連する各リスク管理態勢におけるリスク認識においても整合性を確保しています。選定したトップリスクについては，未然防止策や事後対応等の追加的なリスクコントロール強化策の検討，業務計画への反映等を通じ，リスクコントロールやガバナンスの強化に活用しています。

　また，リスク委員会や取締役会等に報告し，外部委員や社外取締役も含め多面的に選定の妥当性やコントロール状況等について確認しており，期中においても内外環境変化を踏まえ，機動的な見直しを行っております。

　2023年3月現在，以下をトップリスクとして選定しております。

トップリスク	
リスク事象	リスクシナリオ
高インフレ継続とクレジットリスクへの波及	・賃金上昇の長期化や資源価格の高騰等によりインフレが高止まりし、米欧の利上げ継続が景気を下押し ・利払い負担の増加、金融機関の貸出姿勢厳格化等が企業の資金繰り悪化を招き与信関係費用が増加 ・海外金利上昇が債券評価損の拡大や外貨調達コストの上昇に波及
金融政策の転換と財政懸念の拡大	・金融政策の転換に伴う国内金利上昇が住宅・設備投資の縮小等を招き景気が腰折れ。企業業績悪化が与信関係費用増加に帰着 ・国内金利上昇が国債の利払い増を想起させ、財政懸念が拡大
米中対立の激化と中国経済の低迷	・経済安全保障や人権問題等を背景とした米中対立や台湾情勢が、中国及び近隣地域への投資抑制を招き、持続的な経済発展を阻害 ・不動産市況の長期低迷や過剰債務等の構造問題への対応遅滞により中国経済が低迷し、企業業績の悪化を通じて与信関係費用が増加。一方で、中国経済の急回復が、資源価格の高騰を招く可能性
世界の分断と地政学リスクの高まり	・ウクライナを巡る対立の長期化により、価値観に基づく陣営の形成が加速 ・経済がブロック化し世界の分断が加速し、対立の過熱が世界各地における軍事的緊張の高まりにも波及 ・サプライチェーンの寸断やグローバル企業の国際的なビジネス展開の阻害が、世界経済の成長力や企業の収益性を下押し
気候変動影響の深刻化	・各国・企業の気候変動対応遅延や石炭火力への回帰、自然資本の喪失等が気候関連リスクを高め、金融機関に対する規制・監督が厳格化 ・みずほの不十分な取り組みによる批判の増加が企業価値の毀損をもたらすほか、移行・物理的リスクの顕在化が将来的な与信関係費用の増加に帰結
システム障害	・人為的過失、機器の故障、災害等を要因としてシステム障害が発生し、お客さまに不便・不利益を与え信頼が毀損・ビジネス機会を喪失
サイバー攻撃	・諜報活動や破壊活動を目的とした特定国家や、金銭要求等を目的とした犯罪・テロ組織等からの攻撃により業務停止や情報漏えい、不正送金等が発生し、お客さまに不

	便・不利益を与え信頼が毀損・ビジネス機会を喪失
マネロン・テロ資金供与	・金融サービスが犯罪行為等に悪用され、国際社会からの批判に発展、お客さま・取引金融機関からの信頼が毀損し、グローバルにビジネス機会を喪失
役員・社員による不適切な行為・不作為	・国内外における法令・規制違反事例の発生、お客さま本位ではない業務運営等〈みずほ〉に求められる社会的責任・使命にふさわしくない行為・不作為や社会的目線からの乖離に伴う批判により信頼が毀損・ビジネス機会を喪失
人材不足等による持続的成長の停滞	・キャリア観の多様化及び賃金上昇に伴う労働市場の流動化等を受けた人材の確保・育成の困難化により戦略遂行の停滞や、サービス提供力が低下
競争環境の変化	・テクノロジーの革新や規制緩和に伴う新たなサービスの誕生や異業種の参入、あるいは金利選好やサステナビリティへの意識の高まりが競争環境の変化を招き、〈みずほ〉の事業基盤を毀損

3 経営者による財政状態，経営成績及びキャッシュ・フローの状況の分析

　当連結会計年度における当社グループ（当社，連結子会社及び持分法適用関連会社）の財政状態，経営成績及びキャッシュ・フロー（以下「経営成績等」という）の状況は以下の通りと分析しております。

　なお，本項における将来に関する事項は，当連結会計年度の末日現在において判断したものであり，今後様々な要因によって大きく異なる結果となる可能性があります。

1. 経営成績等の状況の概要及び経営者の視点による経営成績等の状況に関する分析・検討内容 ‥‥‥‥‥‥‥‥‥‥‥‥‥‥‥‥‥‥‥‥‥‥‥‥‥‥‥‥‥‥‥‥‥

　［総論］

① 連結業務純益

・当連結会計年度の連結粗利益は，顧客部門が海外を中心に堅調に推移した一方，市場部門での外国債券ポートフォリオの含み損の健全化による減益等もあり，前連結会計年度比259億円増加の2兆2,784億円となりました。

・営業経費は，構造改革による経費削減が進んだ一方で為替影響による費用増加等もあり，前連結会計年度比523億円増加し，1兆4,452億円となりました。

・これらの結果，連結業務純益は，前連結会計年度比459億円減少し，8,052億円となりました。

　なお，連結業務純益に銀行単体合算ベースのETF関係損益とみずほ証券連

結の営業有価証券等損益を加えた連結業務純益＋ETF関係損益等は，前連結会計年度比460億円減少し，8,071億円となりました。

② 親会社株主に帰属する当期純利益

・与信関係費用は，前連結会計年度に計上した一部大口の引当の剥落等により，前連結会計年度比1,458億円減少し，893億円の費用計上となりました。

・株式等関係損益は，政策保有株式の売却を着実に進めたことに加え，株式含み益の一部固定化を目的に導入したベアファンドの前連結会計年度に計上した解約損失が剥落したこと等により，前連結会計年度比1,303億円増加し，864億円の利益となりました。

・これらの結果，経常利益は，前連結会計年度比2,297億円増加し，7,896億円となりました。

・特別損益は，前連結会計年度に計上した大口の退職給付信託の返還益の剥落等により，前連結会計年度比546億円減少し，106億円の損失となりました。

・税金関係費用は，前連結会計年度に財務構造改革の一環として実施したみずほ証券の資本適正化に伴う税効果影響の剥落等もあり，前連結会計年度比1,581億円増加し，2,188億円となりました。

・以上の結果，当連結会計年度の親会社株主に帰属する当期純利益は，前連結会計年度比250億円増加し，5,555億円となりました。

③ 経営指標

前前述の経営成績等の結果，５ヵ年経営計画における経営指標の実績は以下の通りとなっております。

・連結ROEは，利益水準の上昇等により，前連結会計年度比0.2％上昇し，6.6％となりました。

・連結業務純益＋ETF関係損益等は，顧客部門が海外を中心に堅調に推移した一方，市場部門での外国債券ポートフォリオの含み損の健全化による減益等もあり8,071億円となり，年度計画8,600億円に対し，93％の達成率となりました。

上記の健全化影響の控除後では，年度計画8,600億円を超過達成しております。

・普通株式等Tier1（CET1）比率は，前連結会計年度末比0.2％上昇し9.5％となりました。

・政策保有株式削減額は，3,838億円と2023年度末までの5年間での削減目標4,500億円に対し，85％の達成率となりました。

＜財務目標＞	2023年3月末実績
連結ROE[*1]	6.6％
連結業務純益＋ETF関係損益等[*2]	8,071億円

＊1　その他有価証券評価差額金を除く

＊2　連結業務純益＋ETF関係損益等（銀行単体合算ベースのETF関係損益＋みずほ証券連結の営業有価証券等損益）

＜その他主要計数＞	2023年3月末実績
普通株式等Tier1（CET1）比率[*3]	9.5％
政策保有株式削減額[*4]	3,838億円削減

＊3　バーゼルⅢ新規制（規制最終化）完全適用ベース。その他有価証券評価差額金を除き，ヘッジ取引による株式含み益の一部固定化効果を含む

＊4　取得原価ベース，売却のみ

④　重要な会計上の見積り

連結財務諸表の作成に当たって用いた会計上の見積り及び当該見積りに用いた仮定のうち，重要なものにつきましては，第5　経理の状況，1．連結財務諸表等，（1）連結財務諸表の（重要な会計上の見積り）に記載しております。

［損益の状況］

前連結会計年度及び当連結会計年度における損益状況は以下の通りです。

（図表1）

		前連結会計年度 （自　2021年 　　4月1日 至　2022年 　　3月31日） 金額（億円）	当連結会計年度 （自　2022年 　　4月1日 至　2023年 　　3月31日） 金額（億円）	比較 金額（億円）
連結粗利益	①	22,524	22,784	259
資金利益		9,934	9,605	△328
信託報酬		604	589	△15
うち信託勘定与信関係費用	①'	－	－	－
役務取引等利益		7,409	7,516	106
特定取引利益		2,876	3,347	470
その他業務利益		1,698	1,724	26
営業経費	②	△13,928	△14,452	△523
不良債権処理額 （含：一般貸倒引当金純繰入額）	③	△2,559	△967	1,592
貸倒引当金戻入益等	④	207	74	△133
株式等関係損益	⑤	△438	864	1,303
持分法による投資損益	⑥	254	118	△135
その他	⑦	△461	△525	△64
経常利益（①+②+③+④+⑤+⑥+⑦）	⑧	5,598	7,896	2,297
特別損益	⑨	440	△106	△546
税金等調整前当期純利益（⑧+⑨）	⑩	6,038	7,789	1,750
税金関係費用	⑪	△606	△2,188	△1,581
当期純利益（⑩+⑪）	⑫	5,431	5,601	169
非支配株主に帰属する当期純損益	⑬	△127	△46	81
親会社株主に帰属する当期純利益（⑫+⑬）	⑭	5,304	5,555	250
包括利益	⑮	471	2,776	2,305
与信関係費用（①'+③+④）	⑯	△2,351	△893	1,458

（注）　費用項目は△表記しております。

（参考）連結業務純益		8,512	8,052	△459
（参考）連結業務純益＋ETF関係損益等		8,531	8,071	△460

* 　連結業務純益＝連結粗利益－経費（除く臨時処理分）＋持分法による投資損益等連結調整

* 　ETF関係損益等＝銀行単体合算ベースのETF関係損益＋みずほ証券連結の営業有価証券等損益

(point) **財政状態，経営成績及びキャッシュ・フローの状況の分析**

　「事業等の概要」の内容などをこの項目で詳しく説明している場合があるため，この項目も非常に重要。自社が事業を行っている市場は今後も成長するのか，それは世界のどの地域なのか，今社会の流れはどうなっていて，それに対して売上を伸ばすために何をしているのか，収益を左右する費用はなにか，などとても有益な情報が多い。

① 連結粗利益

　当連結会計年度の連結粗利益は，前連結会計年度比259億円増加し，2兆2,784億円となりました。項目ごとの収支は以下の通りです。

　（資金利益）

　資金利益は，貸出金利息の増加より預金利息・売現先利息の増加が上回ったこと等により，前連結会計年度比328億円減少し，9,605億円となりました。

　（信託報酬）

　信託報酬は，前連結会計年度比15億円減少し，589億円となりました。

　（役務取引等利益）

　役務取引等利益は，前連結会計年度比106億円増加し，7,516億円となりました。

　（特定取引利益・その他業務利益）

　特定取引利益は，海外連結子会社の特定取引費用の減少等により，前連結会計年度比470億円増加し，3,347億円となりました。また，その他業務利益は，前連結会計年度比26億円増加し，1,724億円となりました。

② 営業経費

　営業経費は，構造改革による経費削減が進んだ一方で為替影響による費用増加等もあり，前連結会計年度比523億円増加し，1兆4,452億円となりました。

③ 不良債権処理額及び④貸倒引当金戻入益等（⑯与信関係費用）

　不良債権処理額（含：一般貸倒引当金純繰入額）に，貸倒引当金戻入益等を加算した与信関係費用は，前連結会計年度に計上した一部大口の引当の剥落等により，前連結会計年度比1,458億円減少の893億円の費用計上となりました。

⑤ 株式等関係損益

　株式等関係損益は，政策保有株式の売却を着実に進めたことに加え，株式含み益の一部固定化を目的に導入したベアファンドの前連結会計年度に計上した解約損失が剥落したこと等により，前連結会計年度比1,303億円増加し，864億円の利益となりました。

⑥ 持分法による投資損益

　持分法による投資損益は，前連結会計年度比135億円減少し，118億円の利

益となりました。

⑦　その他

その他は，525億円の損失となりました。

⑧　経常利益

以上の結果，当連結会計年度の経常利益は前連結会計年度比2,297億円増加し，7,896億円となりました。

⑨　特別損益

特別損益は，前連結会計年度に計上した大口の退職給付信託の返還益の剥落等により，前連結会計年度比

546億円減少し，106億円の損失となりました。

⑩　税金等調整前当期純利益

以上の結果，当連結会計年度の税金等調整前当期純利益は，前連結会計年度比1,750億円増加し，7,789億円となりました。

⑪　税金関係費用

税金関係費用は，前連結会計年度に財務構造改革の一環として実施したみずほ証券の資本適正化に伴う税効果影響の剥落等もあり，前連結会計年度比1,581億円増加し，2,188億円となりました。

⑫　当期純利益

当期純利益は，前連結会計年度比169億円増加し，5,601億円となりました。

⑬　非支配株主に帰属する当期純損益

非支配株主に帰属する当期純損益（利益）は，前連結会計年度比81億円減少し，46億円となりました。

⑭　親会社株主に帰属する当期純利益

以上の結果，当連結会計年度の親会社株主に帰属する当期純利益は，前連結会計年度比250億円増加し，5,555億円となりました。

⑮　包括利益

包括利益は，その他有価証券評価差額金の増加等により，前連結会計年度比2,305億円増加し，2,776億円（利益）となりました。

－参考－

（図表2）損益状況　（株式会社みずほ銀行及びみずほ信託銀行株式会社2行合算
　　ベース（以下「銀行単体合算ベース」））

	前事業年度 （自　2021年 4月1日 至　2022年 3月31日）	当事業年度 （自　2022年 4月1日 至　2023年 3月31日）	比較
	金額（億円）	金額（億円）	金額（億円）
業務粗利益	14,686	14,310	△376
資金利益	9,061	8,906	△155
信託報酬	610	595	△15
うち一般合同信託報酬	39	40	0
うち信託勘定与信関係費用	－	－	－
役務取引等利益	4,352	4,420	67
特定取引利益	10	59	49
その他業務利益	652	328	△323
経費（除：臨時処理分）	△8,579	△8,566	12
実質業務純益（除：信託勘定与信関係費用）	6,107	5,743	△363
臨時損益等（含：一般貸倒引当金純繰入額）	△3,492	228	3,721
うち一般貸倒引当金純繰入額＋不良債権処理額	△3,238	△432	2,806
うち貸倒引当金戻入益等	201	69	△132
うち株式等関係損益	△474	607	1,081
経常利益	2,614	5,972	3,357
特別損益	453	289	△164
当期純利益	2,192	4,231	2,038
与信関係費用	△3,037	△362	2,674

与信関係費用＝一般貸倒引当金純繰入額＋不良債権処理額＋

　　　　　貸倒引当金戻入益等＋信託勘定与信関係費用

[セグメント情報]

　当社グループは，顧客セグメント別のカンパニー制を導入しており，これに伴っ
て報告セグメントを5つのカンパニーに分類しております。

　前連結会計年度及び当連結会計年度におけるセグメント情報の概要は，以下の
通りです。

なお，詳細につきましては，第5　経理の状況，1．連結財務諸表等，（1）連結財務諸表の（セグメント情報等）に記載しております。

（図表3）報告セグメントごとの業務粗利益＋ETF関係損益等，業務純益＋ETF関係損益等及び固定資産の金額に関する情報

	前連結会計年度 （自　2021年4月1日 至　2022年3月31日）			当連結会計年度 （自　2022年4月1日 至　2023年3月31日）		
	金額（億円）			金額（億円）		
	業務粗利益 ＋ETF関係 損益等	業務純益 ＋ETF関係 損益等	固定資産	業務粗利益 ＋ETF関係 損益等	業務純益 ＋ETF関係 損益等	固定資産
リテール・事業法人 カンパニー	7,149	950	4,930	7,040	733	4,893
大企業・金融・公共法人 カンパニー	4,944	2,966	1,591	5,023	3,113	1,501
グローバルコーポレート カンパニー	5,928	3,084	1,617	6,722	3,712	1,737
グローバルマーケッツ カンパニー	3,880	1,526	884	3,212	624	878
アセットマネジメント カンパニー	594	203	－	551	133	－
その他	46	△199	7,948	253	△245	7,775
みずほフィナンシャル グループ（連結）	22,543	8,531	16,972	22,802	8,071	16,785

	比較		
	金額（億円）		
	業務粗利益 ＋ETF関係 損益等	業務純益 ＋ETF関係 損益等	固定資産
リテール・事業法人 カンパニー	△109	△217	△36
大企業・金融・公共法人 カンパニー	79	146	△89
グローバルコーポレート カンパニー	793	628	119
グローバルマーケッツ カンパニー	△668	△902	△6
アセットマネジメント カンパニー	△43	△70	－
その他	206	△45	△173
みずほフィナンシャル グループ（連結）	258	△460	△186

＊業務粗利益は，信託勘定償却前の計数であり，業務純益は，信託勘定償却前及び一般貸倒引当金繰入前

の計数であります。

　各カンパニーの2022年度の取り組み内容は次の通りです。
※2023年4月1日に大企業・金融・公共法人カンパニーとグローバルプロダク
　ツユニットの投資銀行機能を統合の上，コーポレート＆インベストメントバン
　キングカンパニーを新設し，グローバルプロダクツユニットのトランザクショ
　ン機能は，グローバルトランザクションユニットとして独立しました。さらに，
　コーポレート＆インベストメントバンキングカンパニーの新設に伴い，グロー
　バルコーポレートカンパニーをグローバルコーポレート＆インベストメントバ
　ンキングカンパニーに改称しました。
　2022年度の取り組み内容について，カンパニーは，新組織名で記載しており
　ます。また，グローバルプロダクツユニットのうち，投資銀行機能に関する記
　載は，統合したコーポレート＆インベストメントバンキングカンパニーの項目
　に記載しております。

（リテール・事業法人カンパニー）
　個人のお客さまには，グループ一体となった総合資産コンサルティングの充実
に向け，銀行・信託・証券のそれぞれの強みや特性を活かした総合的な金融サー
ビスの提供を行うとともに，法人のお客さまには，米国金利上昇や物価高騰等，
社会・経済の環境変化を受け多様化するお客さまニーズへの対応を強化し，グ
ループ一体でのソリューション提供に取り組みました。ビジネス領域を拡げるア
ライアンスにおいては，社会・経済環境の変化等によるLINE Bank設立プロジェ
クトの中止や経営資源集約のためのJ.Score・LINE Creditの統合を決定した一方
で，楽天証券やインドネシアのデジタル金融会社Kredivoへ，将来を見据えた出
資を実行しました。
　また，安定的な業務運営体制の構築・持続的強化のため，システム障害の再発
防止・未然防止に向けた点検を継続するとともに，お客さま・現場の「声」を収
集し活用・評価するプロセスの定着化にも取り組みました。
（コーポレート＆インベストメントバンキングカンパニー）
　サステナビリティ重視の潮流や，低金利環境からの転換を受けた内外市場にお

けるボラティリティの高まりにより，社会・経済において様々な構造転換が加速しております。大きな変化に伴うお客さまのニーズに対して，先鋭化した産業知見を活かし，グループ横断的なセクター別営業体制を通じてタイムリーにソリューション提供を行いました。お客さまの資金ニーズへの対応のみならず，M&A，不動産等をはじめとする仲介機能・コンサルティング力の発揮に加え，優先株や劣後ローンなどのメザニンファイナンスやエクイティの提供を通じて，お客さまとの事業リスクシェアにも更に踏み込んで対応しました。

（グローバルコーポレート＆インベストメントバンキングカンパニー）

新型コロナウイルスの流行が収束に向かい，世界的なインフレ進行や各国の金融政策の見直し，地政学リスクの高まり等が，海外事業に大きく影響する中，お客さまの事業戦略見直しやサプライチェーンの再構築に対して，金融面からサポートを行ってまいりました。

グローバルに資本市場ビジネスが冷え込む中，アジアを中心としたトランザクションバンキングにて商機を捉え，収益を着実に伸長させました。

また，〈みずほ〉のプロダクトの強みを軸に，サステナビリティ・リンクのボンドやローンを数多く提供するなど，お客さまのESGの取り組みを支援しました。

（グローバルマーケッツカンパニー）

セールス＆トレーディング業務においては，国内外で銀行・証券の実質一体運営を進め，お客さまの多様なニーズに対応すべく，「ソリューションアプローチ」を強化することで，国内外での金利変動等の機会を的確に捉え，収益化してまいりました。ALM・投資業務においては，高水準のインフレを背景に各国中央銀行が急速な金融引き締めを行う中，パフォーマンスの安定維持に注力しました。また，安定的かつ効率的な外貨資金調達を通じて，お客さまのグローバルビジネスのサポートに努めるとともに，欧州でのグリーンボンド発行等でサステナビリティ推進に取り組みました。

（アセットマネジメントカンパニー）

個人のお客さまに対しては，人生100年時代においてますます重要性が高まる，中長期にわたる資産形成に適した投資信託や，個人型確定拠出年金（iDeCo）等のサービスを提供してまいりました。大きな下落を回避し安定的なパフォーマン

スを追求するバランス型投資信託や，世界経済の成長を享受する投資信託に加え，内外の金利環境の変化も捉えた利回り型の投資信託を複数新規設定する等，幅広い商品開発・提供を通じ，多様なニーズに応えてまいりました。金融法人等のお客さまには資産・負債の両面を踏まえたポートフォリオの分析・助言を，年金基金等のお客さまには年金制度・運用にかかるコンサルティング提案等のサービスを提供してまいりました。

[財政状態の分析]
　前連結会計年度及び当連結会計年度における財政状態のうち，主なものは以下の通りです。

（図表4）

	前連結会計年度 （2022年3月31日）	当連結会計年度 （2023年3月31日）	比較
	金額（億円）	金額（億円）	金額（億円）
資産の部	2,370,661	2,542,582	171,920
うち有価証券	446,410	373,631	△72,779
うち貸出金	847,362	886,871	39,508
負債の部	2,278,651	2,450,497	171,846
うち預金	1,388,308	1,504,989	116,681
うち譲渡性預金	168,689	137,883	△30,805
純資産の部	92,010	92,084	74
うち株主資本合計	81,301	84,711	3,409
うちその他の包括利益累計額合計	9,471	6,621	△2,850
うち非支配株主持分	1,235	751	△483

[資産の部]

① 有価証券

（図表5）

	前連結会計年度 （2022年3月31日）	当連結会計年度 （2023年3月31日）	比較
	金額（億円）	金額（億円）	金額（億円）
有価証券	446,410	373,631	△72,779
国債	256,387	172,485	△83,901
地方債	4,196	5,546	1,350
社債・短期社債	30,420	32,353	1,933
株式	32,394	30,259	△2,134
その他の証券	123,012	132,985	9,973

　有価証券は37兆3,631億円と，前連結会計年度末比7兆2,779億円減少しました。うち国債（日本国債）が，8兆3,901億円減少しました。

② 貸出金

（図表6）

	前連結会計年度 （2022年3月31日）	当連結会計年度 （2023年3月31日）	比較
	金額（億円）	金額（億円）	金額（億円）
貸出金	847,362	886,871	39,508

（銀行単体合算ベース：銀行勘定＋信託勘定）

	前事業年度 （2022年3月31日）	当事業年度 （2023年3月31日）	比較
	金額（億円）	金額（億円）	金額（億円）
貸出金	866,519	909,185	42,665
国内店貸出金残高	601,881	613,078	11,197
中小企業等貸出金　　　＊1	348,979	360,701	11,722
うち居住性住宅ローン	78,963	76,031	△2,932
海外店貸出金残高　　　　＊2	264,638	296,106	31,467

＊1　「中小企業等」とは，資本金3億円（ただし，卸売業は1億円，小売業，飲食業，物品賃貸業等は
　　　5千万円）以下の会社又は常用する従業員が300人（ただし，卸売業，物品賃貸業等は100人，小
　　　売業，飲食業は50人）以下の企業等であります。
＊2　海外店貸出金残高には，特別国際金融取引勘定を含んでおります。

当連結会計年度末の連結ベースの貸出金残高は，米州を中心とした海外拠点における貸出金の増加を主因に，前連結会計年度末比3兆9,508億円増加し，88兆6,871億円となりました。

なお，銀行単体合算ベースの貸出金は90兆9,185億円と前事業年度末比4兆2,665億円増加しております。国内店貸出金残高は，中小企業向けや政府等向け貸出金が増加したこと等で，1兆1,197億円増加（うち政府等向け2,427億円増加）しております。海外店貸出金残高（含む特別国際金融取引勘定）は米州を中心に増加したこと等により，3兆1,467億円増加しております。

[負債の部]

預金

（図表7）

	前連結会計年度 （2022年3月31日）	当連結会計年度 （2023年3月31日）	比較
	金額（億円）	金額（億円）	金額（億円）
預金	1,388,308	1,504,989	116,681
譲渡性預金	168,689	137,883	△30,805

（銀行単体合算ベース）

	前事業年度 （2022年3月31日）	当事業年度 （2023年3月31日）	比較
	金額（億円）	金額（億円）	金額（億円）
預金（国内）	1,125,314	1,191,828	66,513
個人	476,675	480,827	4,152
一般法人	555,961	600,914	44,952
金融機関・政府公金	92,677	110,086	17,408

＊ 海外店分及び特別国際金融取引勘定分は含まれておりません。

当連結会計年度末の連結ベースの預金は，前連結会計年度末比11兆6,681億円増加し，150兆4,989億円となりました。銀行単体合算ベースの国内預金は，一般法人預金の増加等により，前事業年度末比6兆6,513億円増加しております。

また，連結ベースの譲渡性預金は13兆7,883億円と，前連結会計年度末比3兆805億円減少しております。

[純資産の部]

（図表8）

	前連結会計年度 （2022年3月31日）	当連結会計年度 （2023年3月31日）	比較
	金額（億円）	金額（億円）	金額（億円）
純資産の部合計	92,010	92,084	74
株主資本合計	81,301	84,711	3,409
資本金	22,567	22,567	－
資本剰余金	11,253	11,292	39
利益剰余金	47,564	50,939	3,374
自己株式	△83	△87	△4
その他の包括利益累計額合計	9,471	6,621	△2,850
その他有価証券評価差額金	7,198	5,644	△1,553
繰延ヘッジ損益	△767	△3,581	△2,813
土地再評価差額金	1,321	1,293	△28
為替換算調整勘定	23	1,440	1,417
退職給付に係る調整累計額	1,696	1,823	126
在外関係会社における債務 評価調整額	△0	0	0
新株予約権	0	0	△0
非支配株主持分	1,235	751	△483

当連結会計年度末の純資産の部合計は，前連結会計年度末比74億円増加し，9兆2,084億円となりました。主な変動は以下の通りです。

株主資本合計は，親会社株主に帰属する当期純利益の計上及び配当金の支払等により，前連結会計年度末比3,409億円増加し，8兆4,711億円となりました。

その他の包括利益累計額合計は，繰延ヘッジ損益の減少等により，前連結会計年度末比2,850億円減少し，6,621億円となりました。

非支配株主持分は，前連結会計年度末比483億円減少し，751億円となりました。

[不良債権に関する分析（銀行単体合算ベース）]

① 残高に関する分析

（図表9）銀行法及び再生法に基づく債権（銀行勘定＋信託勘定）

	前事業年度 （2022年3月31日）	当事業年度 （2023年3月31日）	比較
	金額（億円）	金額（億円）	金額（億円）
破産更生債権及びこれらに準ずる債権	411	340	△70
危険債権	7,260	6,584	△675
要管理債権	3,185	3,549	363
三月以上延滞債権	24	2	△22
貸出条件緩和債権	3,160	3,546	385
小計（要管理債権以下）　　（A）	10,856	10,474	△382
正常債権	979,335	1,031,122	51,787
合計　　　　　　　　　　（B）	990,192	1,041,597	51,405
(A)／(B)（%）	1.09	1.00	△0.09

　当事業年度末の不良債権残高（要管理債権以下（A））は，前事業年度末比382億円減少し，1兆474億円となりました。不良債権比率（（A）／（B））は1.00％となっております。不良債権残高・比率共に減少となりました。

② 保全に関する分析

前事業年度及び当事業年度における金融再生法開示債権（要管理債権以下）の保全及び引当は以下の通りであります。

(図表10) 保全状況 (銀行勘定)

		前事業年度 (2022年3月31日) 金額（億円）	当事業年度 (2023年3月31日) 金額（億円）	比較 金額（億円）
破産更生債権及びこれらに準ずる債権	(A)	411	340	△70
うち担保・保証等	(B)	354	289	△64
うち引当金	(C)	56	51	△5
信用部分に対する引当率	(C)／((A)－(B))	100.0%	100.0%	－
保全率	((B)＋(C))／(A)	100.0%	100.0%	－
危険債権	(A)	7,260	6,584	△675
うち担保・保証等	(B)	1,648	1,728	80
うち引当金	(C)	4,389	3,429	△959
信用部分に対する引当率	(C)／((A)－(B))	78.2%	70.6%	△7.6%
保全率	((B)＋(C))／(A)	83.1%	78.3%	△4.8%
要管理債権	(A)	3,185	3,549	363
うち担保・保証等	(B)	935	1,034	99
うち引当金	(C)	522	660	137
信用部分に対する引当率	(C)／((A)－(B))	23.2%	26.2%	3.0%
保全率	((B)＋(C))／(A)	45.7%	47.7%	1.9%

(参考) 要管理先債権に対する引当率・保全率

	前事業年度 (2022年3月31日)	当事業年度 (2023年3月31日)	比較
信用部分に対する引当率	25.3%	29.7%	4.4%
保全率	46.8%	51.5%	4.7%

破産更生債権及びこれらに準ずる債権については，前事業年度末比，担保・保証等が64億円減少，引当金が5億円減少しております。信用部分全額を個別貸倒引当金として計上，ないしは直接償却を実施しており，その結果，信用部分に対する引当率，保全率ともに100%となっております。

危険債権については，前事業年度末比，担保・保証等が80億円増加，引当金が959億円減少しております。また，信用部分に対する引当率は7.6ポイント低

下し70.6％に，保全率は4.8ポイント低下し78.3％となっております。

　要管理債権については，前事業年度末比，担保・保証等が99億円増加，引当金が137億円増加しております。また，信用部分に対する引当率は3.0ポイント上昇し26.2％に，保全率は1.9ポイント上昇し47.7％となっております。

　前記債権以外の債権に対する引当率は，以下の通りであります。

（図表11）

	前事業年度 （2022年3月31日）	当事業年度 （2023年3月31日）	比較
要管理先債権以外の要注意先債権	3.46％	2.91％	△0.54％
正常先債権	0.10％	0.09％	△0.00％

[自己資本比率等に関する分析]

　自己資本比率は，銀行法第52条の25の規定に基づき，銀行持株会社が銀行持株会社及びその子会社の保有する資産等に照らしそれらの自己資本の充実の状況が適当であるかどうかを判断するための基準（平成18年金融庁告示第20号）に定められた算式に基づき，連結ベースについて算出しております。

　なお，当社は，国際統一基準を適用のうえ，信用リスク・アセットの算出においては先進的内部格付手法，オペレーショナル・リスク相当額に係る額の算出においては先進的計測手法を採用するとともに，マーケット・リスク規制を導入しております。

　また，自己資本比率の補完的指標であるレバレッジ比率は，銀行法第52条の25の規定に基づき，銀行持株会社が銀行持株会社及びその子会社の保有する資産等に照らしそれらの自己資本の充実の状況が適当であるかどうかを判断するための基準の補完的指標として定めるレバレッジに係る健全性を判断するための基準（平成31年金融庁告示第12号）に定められた算式に基づき，算出しております。

（図表12）

連結自己資本比率（国際統一基準）

		前連結会計年度 (2022年3月31日)	当連結会計年度 (2023年3月31日)	比較
		金額（億円）	金額（億円）	金額（億円）
普通株式等Tier1資本の額	①	80,672	83,155	2,482
資本金・資本剰余金・利益剰余金		81,300	84,710	3,410
その他Tier1資本の額	②	16,460	14,878	△1,581
その他Tier1資本調達手段の額		16,430	14,850	△1,580
Tier1資本の額（①+②）	③	97,132	98,033	901
Tier2資本の額	④	16,383	15,035	△1,348
Tier2資本調達手段の額		14,444	13,954	△489
総自己資本の額（①+②+④）	⑤	113,516	113,069	△447
リスク・アセットの額	⑥	647,304	704,341	57,037
信用リスク・アセットの額		591,281	644,953	53,671
マーケット・リスク相当額に係る額		23,579	26,644	3,065
オペレーショナル・リスク相当額に係る額		32,443	32,743	300
連結総自己資本比率（⑤／⑥）	⑦	17.53%	16.05%	△1.48%
連結Tier1比率（③／⑥）	⑧	15.00%	13.91%	△1.09%
連結普通株式等Tier1比率（①／⑥）	⑨	12.46%	11.80%	△0.66%
連結総所要自己資本額		51,784	56,347	4,562

持株レバレッジ比率（国際統一基準）

	前連結会計年度 (2022年3月31日)	当連結会計年度 (2023年3月31日)	比較
持株レバレッジ比率	4.56%	4.46%	△0.10%

　普通株式等Tier1資本の額は，前連結会計年度末比2,482億円増加し，8兆3,155億円となりました。一方，リスク・アセットの額は，信用リスク・アセットの額の増加等により，前連結会計年度末比5兆7,037億円増加し，70兆4,341億円となりました。この結果，連結普通株式等Tier1比率は前連結会計年度末比0.66ポイント低下し，11.80%となりました。

　また，持株レバレッジ比率は前連結会計年度末比0.10ポイント低下し，4.46%となりました。

[キャッシュ・フローの状況]

　前連結会計年度及び当連結会計年度におけるキャッシュ・フローの状況は以下の通りです。

（図表13）

	前連結会計年度 （自　2021年 4月1日 至　2022年 3月31日）	当連結会計年度 （自　2022年 4月1日 至　2023年 3月31日）	比較
	金額（億円）	金額（億円）	金額（億円）
営業活動によるキャッシュ・フロー	49,171	88,672	39,500
投資活動によるキャッシュ・フロー	△18,604	66,056	84,661
財務活動によるキャッシュ・フロー	△5,220	△6,111	△890

　当連結会計年度における営業活動によるキャッシュ・フローは，預金の増加等により8兆8,672億円の収入となりました。投資活動によるキャッシュ・フローは，有価証券の取得・売却・償還等により6兆6,056億円の収入となり，財務活動によるキャッシュ・フローは，劣後特約付社債の償還等により6,111億円の支出となりました。

　以上の結果，現金及び現金同等物の当連結会計年度末残高は，前連結会計年度末比15兆6,893億円増加して，65兆8,256億円となりました。

　外貨につきましては，対顧預金の獲得に加え，TLAC債等の中長期調達等により十分な流動性を確保しております。

2.　生産，受注及び販売の実績 ･･････････････････････････････････････

　「生産，受注及び販売の実績」は，銀行持株会社としての業務の特殊性から該当する情報がないため，記載しておりません。

(1) 国内・海外別収支 ···

　当連結会計年度において，資金運用収支・信託報酬・役務取引等収支・特定取引収支・その他業務収支の合計は2兆2,784億円となりました。

種類	期別	国内	海外	相殺消去額(△)	合計
		金額（百万円）	金額（百万円）	金額（百万円）	金額（百万円）
資金運用収支	前連結会計年度	582,939	415,634	5,090	993,483
	当連結会計年度	467,601	498,702	5,725	960,578
うち資金運用収益	前連結会計年度	771,462	588,084	50,537	1,309,009
	当連結会計年度	991,158	2,236,441	49,385	3,178,214
うち資金調達費用	前連結会計年度	188,523	172,449	45,446	315,526
	当連結会計年度	523,556	1,737,739	43,659	2,217,636
信託報酬	前連結会計年度	60,508	－	18	60,490
	当連結会計年度	58,976	－	18	58,958
役務取引等収支	前連結会計年度	488,819	266,854	14,678	740,995
	当連結会計年度	472,384	293,745	14,436	751,693
うち役務取引等収益	前連結会計年度	637,181	341,304	72,910	905,575
	当連結会計年度	602,348	369,056	55,871	915,534
うち役務取引等費用	前連結会計年度	148,361	74,450	58,232	164,579
	当連結会計年度	129,964	75,311	41,435	163,841
特定取引収支	前連結会計年度	175,245	112,439	－	287,685
	当連結会計年度	135,640	201,859	2,790	334,708
うち特定取引収益	前連結会計年度	175,245	955,848	113,203	1,017,889
	当連結会計年度	157,229	835,443	40	992,631
うち特定取引費用	前連結会計年度	－	843,408	113,203	730,204
	当連結会計年度	21,588	633,584	△2,750	657,923
その他業務収支	前連結会計年度	122,786	46,998	△54	169,839
	当連結会計年度	62,427	109,986	△52	172,466
うちその他業務収益	前連結会計年度	324,903	69,055	2	393,956
	当連結会計年度	325,986	126,868	2	452,853
うちその他業務費用	前連結会計年度	202,116	22,057	56	224,116
	当連結会計年度	263,558	16,882	54	280,386

（注）1.「国内」とは，当社及び国内に本店を有する連結子会社（海外店を除く。以下「国内連結子会社」という）であります。

　　　2.「海外」とは，国内連結子会社の海外店及び海外に本店を有する連結子会社（以下「海外連結子会社」という）であります。

　　　3.「相殺消去額」には内部取引金額等を記載しております。

　　　4. 資金調達費用は金銭の信託運用見合費用を控除しております。

(2) 国内・海外別資金運用／調達の状況 ·····························

　当連結会計年度において，資金運用勘定の平均残高は200兆261億円，利息は3兆1,782億円，利回りは1.58%となりました。資金調達勘定の平均残高は217兆3,467億円，利息は2兆2,176億円，利回りは1.02%となりました。

① 国内

種類	期別	平均残高	利息	利回り
		金額（百万円）	金額（百万円）	（%）
資金運用勘定	前連結会計年度	144,621,839	771,462	0.53
	当連結会計年度	135,177,138	999,640	0.73
うち貸出金	前連結会計年度	56,200,061	458,659	0.81
	当連結会計年度	57,947,538	560,464	0.96
うち有価証券	前連結会計年度	38,859,928	235,382	0.60
	当連結会計年度	37,528,808	320,845	0.85
うちコールローン及び買入手形	前連結会計年度	2,035,585	△193	△0.00
	当連結会計年度	3,251,285	238	0.00
うち買現先勘定	前連結会計年度	8,991,972	△1,331	△0.01
	当連結会計年度	6,585,256	25,631	0.38
うち債券貸借取引支払保証金	前連結会計年度	1,761,075	2,435	0.13
	当連結会計年度	2,089,451	22,495	1.07
うち預け金	前連結会計年度	35,215,626	30,614	0.08
	当連結会計年度	25,240,374	27,964	0.11
資金調達勘定	前連結会計年度	145,958,918	188,523	0.12
	当連結会計年度	148,822,396	523,525	0.35
うち預金	前連結会計年度	107,214,702	5,746	0.00
	当連結会計年度	110,795,626	70,087	0.06
うち譲渡性預金	前連結会計年度	13,733,525	660	0.00
	当連結会計年度	12,597,046	498	0.00
うちコールマネー及び売渡手形	前連結会計年度	1,282,073	66	0.00
	当連結会計年度	1,536,938	1,577	0.10
うち売現先勘定	前連結会計年度	4,386,185	6,702	0.15
	当連結会計年度	6,037,660	66,087	1.09
うち債券貸借取引受入担保金	前連結会計年度	830,370	66	0.00
	当連結会計年度	1,041,516	8,749	0.84
うちコマーシャル・ペーパー	前連結会計年度	－	－	－
	当連結会計年度	－	－	－
うち借用金	前連結会計年度	7,307,692	19,820	0.27
	当連結会計年度	4,887,405	41,993	0.85

（注）1. 平均残高は，原則として日々の残高の平均に基づいて算出しておりますが，一部の国内連結子会社

については，四半期毎の残高に基づく平均残高を利用しております。

2. 「国内」とは，当社及び国内連結子会社（海外店を除く）であります。

3. 資金運用勘定は無利息預け金の平均残高を，資金調達勘定は金銭の信託運用見合額の平均残高及び利息をそれぞれ控除して表示しております。

② 海外

種類	期別	平均残高	利息	利回り
		金額（百万円）	金額（百万円）	（％）
資金運用勘定	前連結会計年度	65,006,207	588,084	0.90
	当連結会計年度	68,119,193	2,264,905	3.32
うち貸出金	前連結会計年度	30,251,162	443,842	1.46
	当連結会計年度	33,634,446	1,215,876	3.61
うち有価証券	前連結会計年度	4,240,336	44,871	1.05
	当連結会計年度	3,040,597	73,933	2.43
うちコールローン及び買入手形	前連結会計年度	2,001,179	1,619	0.08
	当連結会計年度	1,034,750	13,660	1.32
うち買現先勘定	前連結会計年度	7,471,640	32,522	0.43
	当連結会計年度	9,308,458	264,227	2.83
うち債券貸借取引支払保証金	前連結会計年度	－	－	－
	当連結会計年度	－	－	－
うち預け金	前連結会計年度	15,438,077	28,149	0.18
	当連結会計年度	16,759,371	470,563	2.80
資金調達勘定	前連結会計年度	65,489,810	172,449	0.26
	当連結会計年度	71,826,638	1,774,684	2.47
うち預金	前連結会計年度	31,429,746	59,084	0.18
	当連結会計年度	33,409,011	769,990	2.30
うち譲渡性預金	前連結会計年度	6,881,276	14,775	0.21
	当連結会計年度	7,524,607	208,724	2.77
うちコールマネー及び売渡手形	前連結会計年度	699,839	1,323	0.18
	当連結会計年度	632,016	15,579	2.46
うち売現先勘定	前連結会計年度	20,458,129	30,371	0.14
	当連結会計年度	20,587,972	594,151	2.88
うち債券貸借取引受入担保金	前連結会計年度	－	－	－
	当連結会計年度	－	－	－
うちコマーシャル・ペーパー	前連結会計年度	2,013,637	3,721	0.18
	当連結会計年度	1,627,773	51,776	3.18
うち借用金	前連結会計年度	2,709,619	10,907	0.40
	当連結会計年度	2,445,807	15,904	0.65

（注）1. 平均残高は，原則として日々の残高の平均に基づいて算出しておりますが，海外連結子会社については，四半期毎の残高に基づく平均残高を利用しております。
　　　2. 「海外」とは，国内連結子会社の海外店及び海外連結子会社であります。
　　　3. 資金運用勘定は無利息預け金の平均残高を，資金調達勘定は金銭の信託運用見合額の平均残高及び利息をそれぞれ控除して表示しております。

③　合計

種類	期別	平均残高（百万円）			利息（百万円）			利回り（%）
		小計	相殺消去額（△）	合計	小計	相殺消去額（△）	合計	
資金運用勘定	前連結会計年度	209,628,046	4,617,322	205,010,724	1,359,547	50,537	1,309,009	0.63
	当連結会計年度	203,296,332	3,270,191	200,026,140	3,264,545	86,330	3,178,214	1.58
うち貸出金	前連結会計年度	86,451,223	2,479,272	83,971,951	902,502	24,606	877,895	1.04
	当連結会計年度	91,581,985	2,636,966	88,945,018	1,776,340	25,355	1,750,984	1.96
うち有価証券	前連結会計年度	43,100,265	977,755	42,122,509	280,253	4,860	275,393	0.65
	当連結会計年度	40,569,406	－	40,569,406	394,779	2,674	392,104	0.96
うちコールローン及び買入手形	前連結会計年度	4,036,765	－	4,036,765	1,426	0	1,426	0.03
	当連結会計年度	4,286,036	－	4,286,036	13,898	－	13,898	0.32
うち買現先勘定	前連結会計年度	16,463,612	427,561	16,036,051	31,191	1,497	29,694	0.18
	当連結会計年度	15,893,715	459,590	15,434,124	289,858	8,544	281,313	1.82
うち債券貸借取引支払保証金	前連結会計年度	1,761,075	4,291	1,756,784	2,435	4	2,431	0.13
	当連結会計年度	2,089,451	3,276	2,086,174	22,495	83	22,411	1.07
うち預け金	前連結会計年度	50,653,704	61,036	50,592,667	58,764	15	58,748	0.11
	当連結会計年度	41,999,745	55,594	41,944,151	498,527	22	498,504	1.18
資金調達勘定	前連結会計年度	211,448,729	3,734,454	207,714,274	360,972	45,446	315,526	0.15
	当連結会計年度	220,649,035	3,302,290	217,346,744	2,298,210	80,605	2,217,604	1.02
うち預金	前連結会計年度	138,644,448	17,783	138,626,664	64,830	1	64,829	0.04
	当連結会計年度	144,204,637	18,631	144,186,006	840,077	34	840,042	0.58
うち譲渡性預金	前連結会計年度	20,614,802	－	20,614,802	15,436	－	15,436	0.07
	当連結会計年度	20,121,653	－	20,121,653	209,222	－	209,222	1.03
うちコールマネー及び売渡手形	前連結会計年度	1,981,912	33,232	1,948,679	1,389	240	1,149	0.05
	当連結会計年度	2,168,955	39,819	2,129,135	17,156	15	17,140	0.80
うち売現先勘定	前連結会計年度	24,844,314	401,835	24,442,479	37,073	717	36,356	0.14
	当連結会計年度	26,625,633	454,300	26,171,333	660,239	8,251	651,987	2.49
うち債券貸借取引受入担保金	前連結会計年度	830,370	29,542	800,828	66	23	42	0.00
	当連結会計年度	1,041,516	3,083	1,038,433	8,749	14	8,734	0.84
うちコマーシャル・ペーパー	前連結会計年度	2,013,637	－	2,013,637	3,721	－	3,721	0.18
	当連結会計年度	1,627,773	－	1,627,773	51,776	－	51,776	3.18
うち借用金	前連結会計年度	10,017,312	2,472,968	7,544,344	30,727	24,693	6,034	0.07
	当連結会計年度	7,333,212	2,587,312	4,745,900	57,898	23,520	34,377	0.72

（注）「相殺消去額」には内部取引金額等を記載しております。

(3) 国内・海外別役務取引の状況 ··

　当連結会計年度において，役務取引等収益は9,155億円，役務取引等費用は1,638億円となりました。

種類	期別	国内 金額（百万円）	海外 金額（百万円）	相殺消去額(△) 金額（百万円）	合計 金額（百万円）
役務取引等収益	前連結会計年度	637,181	341,304	72,910	905,575
	当連結会計年度	602,348	369,056	55,871	915,534
うち預金・債券・貸出業務	前連結会計年度	126,568	149,864	153	276,279
	当連結会計年度	128,048	180,597	411	308,235
うち為替業務	前連結会計年度	95,138	9,604	180	104,561
	当連結会計年度	91,837	12,407	185	104,059
うち証券関連業務	前連結会計年度	141,153	130,524	59,996	211,682
	当連結会計年度	110,543	117,877	40,289	188,131
うち代理業務	前連結会計年度	32,064	5,114	280	36,898
	当連結会計年度	31,579	5,191	241	36,529
うち保護預り・貸金庫業務	前連結会計年度	4,093	1,716	ー	5,809
	当連結会計年度	3,845	2,230	△1	6,078
うち保証業務	前連結会計年度	20,498	16,494	802	36,191
	当連結会計年度	21,174	20,162	961	40,375
うち信託関連業務	前連結会計年度	81,865	6,177	3,056	84,987
	当連結会計年度	73,001	5,747	3,083	75,665
役務取引等費用	前連結会計年度	148,361	74,450	58,232	164,579
	当連結会計年度	129,964	75,311	41,435	163,841
うち為替業務	前連結会計年度	25,587	1,320	161	26,746
	当連結会計年度	22,369	1,418	159	23,628

（注）1.「国内」とは，当社及び国内連結子会社（海外店を除く）であります。

　　　2.「海外」とは，国内連結子会社の海外店及び海外連結子会社であります。

　　　3.「相殺消去額」には内部取引金額等を記載しております。

(4) 国内・海外別特定取引の状況 ······························

① 特定取引収益・費用の内訳

　当連結会計年度において，特定取引収益は9,926億円，特定取引費用は6,579億円となりました。

種類	期別	国内 金額（百万円）	海外 金額（百万円）	相殺消去額(△) 金額（百万円）	合計 金額（百万円）
特定取引収益	前連結会計年度	175,245	955,848	113,203	1,017,889
	当連結会計年度	157,229	835,443	40	992,631
うち商品有価証券収益	前連結会計年度	113,022	—	113,022	—
	当連結会計年度	—	—	—	—
うち特定取引有価証券収益	前連結会計年度	411	121	—	533
	当連結会計年度	—	—	—	—
うち特定金融派生商品収益	前連結会計年度	61,101	955,726	—	1,016,827
	当連結会計年度	157,229	835,443	40	992,631
うちその他の特定取引収益	前連結会計年度	709	—	180	529
	当連結会計年度	—	—	—	—
特定取引費用	前連結会計年度	—	843,408	113,203	730,204
	当連結会計年度	21,588	633,584	△2,750	657,923
うち商品有価証券費用	前連結会計年度	—	843,227	113,022	730,204
	当連結会計年度	20,878	632,918	△2,750	656,547
うち特定取引有価証券費用	前連結会計年度	—	—	—	—
	当連結会計年度	493	△132	—	361
うち特定金融派生商品費用	前連結会計年度	—	—	—	—
	当連結会計年度	—	—	—	—
うちその他の特定取引費用	前連結会計年度	—	180	180	—
	当連結会計年度	216	798	—	1,014

(注) 1.「国内」とは，当社及び国内連結子会社（海外店を除く）であります。
　　 2.「海外」とは，国内連結子会社の海外店及び海外連結子会社であります。
　　 3.「相殺消去額」には内部取引金額等を記載しております。
　　 4. 内訳科目はそれぞれの収益と費用で相殺し，収益が上回った場合には収益欄に，費用が上回った場合には費用欄に，国内・海外・合計毎の純額を表示しております。

② 特定取引資産・負債の内訳（末残）

当連結会計年度末において，特定取引資産は17兆4,044億円，特定取引負債は12兆6,980億円となりました。

種類	期別	国内	海外	相殺消去額(△)	合計
		金額（百万円）	金額（百万円）	金額（百万円）	金額（百万円）
特定取引資産	前連結会計年度	8,179,820	5,720,881	679,285	13,221,415
	当連結会計年度	7,902,737	10,273,853	772,097	17,404,494
うち商品有価証券	前連結会計年度	3,177,361	2,649,770	−	5,827,132
	当連結会計年度	2,256,806	4,835,974	−	7,092,780
うち商品有価証券派生商品	前連結会計年度	379,854	67,848	−	447,703
	当連結会計年度	69,638	208,653	−	278,292
うち特定取引有価証券	前連結会計年度	−			−
	当連結会計年度	−			−
うち特定取引有価証券派生商品	前連結会計年度	11			11
	当連結会計年度	3			3
うち特定金融派生商品	前連結会計年度	3,995,786	2,969,477	679,285	6,285,978
	当連結会計年度	5,071,467	5,216,478	772,097	9,515,848
うちその他の特定取引資産	前連結会計年度	626,806	33,784	−	660,590
	当連結会計年度	504,822	12,747	−	517,569
特定取引負債	前連結会計年度	5,704,844	4,583,418	679,285	9,608,976
	当連結会計年度	6,693,473	6,776,630	772,097	12,698,007
うち売付商品債券	前連結会計年度	1,935,741	1,534,289	−	3,470,030
	当連結会計年度	2,018,408	1,537,419	−	3,555,828
うち商品有価証券派生商品	前連結会計年度	134,417	122,586	−	257,004
	当連結会計年度	60,493	264,004	−	324,497
うち特定取引売付債券	前連結会計年度	−	−	−	−
	当連結会計年度	−	−	−	−
うち特定取引有価証券派生商品	前連結会計年度	114	175	−	289
	当連結会計年度	161		−	161
うち特定金融派生商品	前連結会計年度	3,634,571	2,926,367	679,285	5,881,652
	当連結会計年度	4,614,410	4,975,206	772,097	8,817,519
うちその他の特定取引負債	前連結会計年度	−	−	−	−
	当連結会計年度	−	−	−	−

（注）1.「国内」とは，当社及び国内連結子会社（海外店を除く）であります。

2. 「海外」とは，国内連結子会社の海外店及び海外連結子会社であります。

3. 「相殺消去額」には内部取引金額等を記載しております。

(5) 国内・海外別預金残高の状況 ･･････････････････････････････････････

○預金の種類別残高（末残）

種類	期別	国内	海外	相殺消去額(△)	合計
		金額（百万円）	金額（百万円）	金額（百万円）	金額（百万円）
預金合計	前連結会計年度	112,358,803	26,493,428	21,359	138,830,872
	当連結会計年度	118,895,993	31,626,074	23,091	150,498,976
うち流動性預金	前連結会計年度	88,276,095	7,970,670	18,403	96,228,362
	当連結会計年度	92,193,898	9,103,192	20,869	101,276,221
うち定期性預金	前連結会計年度	17,285,735	18,504,664	1,653	35,788,746
	当連結会計年度	20,030,539	22,504,207	1,362	42,533,384
うちその他	前連結会計年度	6,796,972	18,093	1,302	6,813,763
	当連結会計年度	6,671,554	18,673	858	6,689,369
譲渡性預金	前連結会計年度	10,447,472	6,421,459	－	16,868,931
	当連結会計年度	6,232,050	7,556,297	－	13,788,347
総合計	前連結会計年度	122,806,275	32,914,887	21,359	155,699,803
	当連結会計年度	125,128,043	39,182,371	23,091	164,287,324

(注) 1. 「国内」とは，当社及び国内連結子会社（海外店を除く）であります。

2. 「海外」とは，国内連結子会社の海外店及び海外連結子会社であります。

3. 「相殺消去額」には内部取引金額等を記載しております。

4. 預金の区分は次のとおりであります。

① 流動性預金＝当座預金＋普通預金＋貯蓄預金＋通知預金

② 定期性預金＝定期預金＋定期積金

(6) 国内・海外別貸出金残高の状況 ···

① 業種別貸出状況（末残・構成比）

業種別	前連結会計年度		当連結会計年度	
	金額（百万円）	構成比（%）	金額（百万円）	構成比（%）
国内（除く特別国際金融取引勘定分）	55,450,293	100.00	56,142,800	100.00
製造業	9,771,087	17.62	9,847,269	17.54
農業，林業	47,570	0.09	47,576	0.08
漁業	2,955	0.00	2,782	0.01
鉱業，採石業，砂利採取業	220,786	0.40	205,529	0.37
建設業	857,811	1.55	902,238	1.61
電気・ガス・熱供給・水道業	3,043,397	5.49	3,398,352	6.05
情報通信業	1,186,871	2.14	977,380	1.74
運輸業，郵便業	2,581,519	4.66	2,436,087	4.34
卸売業，小売業	5,216,337	9.41	4,912,702	8.75
金融業，保険業	4,561,917	8.23	4,609,244	8.21
不動産業	10,131,565	18.27	10,931,283	19.47
物品賃貸業	2,891,995	5.21	3,136,352	5.59
各種サービス業	3,086,008	5.56	2,983,719	5.31
地方公共団体	587,356	1.06	540,392	0.96
政府等	836,584	1.51	1,079,360	1.92
その他	10,426,530	18.80	10,132,530	18.05
海外及び特別国際金融取引勘定分	29,285,986	100.00	32,544,355	100.00
政府等	263,871	0.90	148,171	0.45
金融機関	10,081,090	34.42	11,448,499	35.18
その他	18,941,024	64.68	20,947,684	64.37
合計	84,736,280	—	88,687,155	—

(注) 1. 「国内」とは，当社及び国内連結子会社（海外店を除く）であります。

　　 2. 「海外」とは，国内連結子会社の海外店及び海外連結子会社であります。

② 外国政府等向け債権残高 (国別)

期別	国別	金額 (百万円)
前連結会計年度	ロシア	205,115
	ミャンマー	7,301
	ラオス	160
	合計	212,576
	(資産の総額に対する割合：%)	(0.08)
当連結会計年度	ロシア	161,482
	ミャンマー	7,940
	ラオス	27
	合計	169,450
	(資産の総額に対する割合：%)	(0.06)

(注) 「外国政府等」とは，外国政府，中央銀行，政府関係機関又は国営企業及びこれらの所在する国の民間企業等であり，日本公認会計士協会銀行等監査特別委員会報告第4号に規定する特定海外債権引当勘定を計上している国の外国政府等の債権残高を掲げております。

(7) 国内・海外別有価証券の状況 ··

○有価証券残高 (末残)

種類	期別	国内	海外	合計
		金額 (百万円)	金額 (百万円)	金額 (百万円)
国債	前連結会計年度	25,627,723	10,986	25,638,710
	当連結会計年度	17,237,535	11,062	17,248,598
地方債	前連結会計年度	419,646	－	419,646
	当連結会計年度	554,662	－	554,662
社債	前連結会計年度	3,038,230	3,806	3,042,037
	当連結会計年度	3,229,883	5,458	3,235,341
株式	前連結会計年度	3,239,400	－	3,239,400
	当連結会計年度	3,025,940	－	3,025,940
その他の証券	前連結会計年度	8,844,700	3,456,565	12,301,265
	当連結会計年度	9,783,362	3,515,234	13,298,596
合計	前連結会計年度	41,169,702	3,471,358	44,641,060
	当連結会計年度	33,831,385	3,531,755	37,363,140

(注) 1. 「国内」とは，当社及び国内連結子会社 (海外店を除く) であります。

2. 「海外」とは，国内連結子会社の海外店及び海外連結子会社であります。

3. 「その他の証券」には，外国債券及び外国株式を含んでおります。

■ 設備の状況

1　設備投資等の概要

　当連結会計年度の設備投資等の概要は，次のとおりであります。

　みずほ銀行では，事務・システムセンター関係及び国内外拠点への投資を行い，また既存店舗等については，諸施設の更新・保守に努めました。その結果，総投資額は510億円となりました。

　みずほ信託銀行では，店舗移転工事，経年劣化に伴う設備更新を実施しました。その結果，総投資額は8億円となりました。

　みずほ証券では，本社関連オフィスの更なる集約に伴う移転・統合，みずほ銀行・みずほ信託銀行との共同店舗化，既存拠点の更新・保守工事を実施しました。その結果，総投資額は59億円となりました。

　なお，内部管理上，みずほ銀行に係る固定資産は5つのカンパニー全てに，みずほ信託銀行及びみずほ証券に係る固定資産は3つのカンパニー（リテール・事業法人カンパニー，大企業・金融・公共法人カンパニー，グローバルマーケッツカンパニー）に配賦しております。

　また，当連結会計年度において，記載すべき重要な設備の除却，売却等はありません。

2　主要な設備の状況

　当連結会計年度末における主要な設備の状況は次のとおりであります。

（1）　提出会社 ………………………………………………………………

（その他）

	店舗名その他	所在地	設備の内容	土地		建物 帳簿価額（百万円）	動産等 帳簿価額（百万円）	合計 帳簿価額（百万円）	従業員数（人）
				面積（㎡）	帳簿価額（百万円）				
当社	本社ほか	東京都千代田区	事務所	1,300	32,125	17,325	544	49,995	2,270

（2）　連結子会社 ·······

会社名	店舗名その他	所在地	設備の内容	土地 面積（㎡）	土地 帳簿価額（百万円）	建物 帳簿価額（百万円）	動産等 帳簿価額（百万円）	合計 帳簿価額（百万円）	従業員数（人）
株式会社みずほ銀行	本部・本店ほか	東京地区ほか	本部・本店	4,629	122,293	60,142	6,258	188,694	9,279
	神田支店ほか247店	東京地区	店舗	83,299 (4,867)	104,376	53,501	7,228	165,106	5,235
	横浜支店ほか127店	関東地区（除く東京地区）	店舗	61,966 (2,120)	56,669	26,068	3,026	85,764	2,252
	札幌支店ほか5店	北海道地区	店舗	4,130 (1,187)	1,033	763	233	2,030	155
	仙台支店ほか9店	東北地区	店舗	9,971	6,755	1,924	121	8,801	253
	新潟支店ほか7店	北陸・甲信越地区	店舗	9,096	7,901	1,869	169	9,941	235
	名古屋支店ほか17店	東海地区	店舗	7,409	6,176	2,091	247	8,516	498
	大阪支店ほか35店	大阪地区	店舗	22,391 (1,546)	19,413	7,862	881	28,157	862
	神戸支店ほか26店	近畿地区（除く大阪地区）	店舗	20,318 (202)	23,298	7,340	686	31,325	475
	広島支店ほか8店	中国地区	店舗	6,369	5,524	1,331	104	6,959	195
	高松支店ほか5店	四国地区	店舗	6,431	7,735	1,203	102	9,041	122
	福岡支店ほか13店	九州・沖縄地区	店舗	11,421	11,806	1,494	147	13,448	338
	ニューヨーク支店ほか12店	北米・南米	店舗・事務所	57	43	1,311	650	2,005	275
	ロンドン支店ほか10店	ヨーロッパ・中近東	店舗・事務所	－	－	2,555	862	3,418	1,088
	ソウル支店ほか23店	アジア・オセアニア	店舗・事務所	－	－	8,923	2,068	10,992	3,390
	多摩情報センターほか	東京地区ほか	事務センター	79,829	110,149	58,038	9,854	178,042	（注）1
	その他の施設	東京地区ほか	研修所	4,771	5,896	2,653	67	8,616	－
	矢来町ハイツほか	東京地区ほか	社宅・寮	19,385	7,167	6,391	386	13,944	－

会社名	店舗名その他	所在地	設備の内容	土地		建物	動産等	合計	従業員数(人)
				面積(㎡)	帳簿価額(百万円)	帳簿価額(百万円)	帳簿価額(百万円)	帳簿価額(百万円)	
みずほ信託銀行株式会社	本店 ほか32拠点	東京地区	店舗・事務所	2,700	56,748	25,039	2,285	84,071	2,169
	横浜支店 ほか16拠点	関東地区(除く東京地区)	店舗・事務所	2,309	1,623	1,376	161	3,161	210
	札幌支店	北海道地区	店舗	—	—	9	42	51	33
	仙台支店	東北地区	店舗	—	—	58	6	64	33
	新潟支店 ほか1店	北陸・甲信越地区	店舗	538	346	591	21	958	52
	名古屋支店 ほか1店	東海地区	店舗	—	—	13	8	21	69
	大阪支店 ほか3店	大阪地区	店舗	—	—	198	25	223	171
	神戸支店 ほか1店	近畿地区(除く大阪地区)	店舗	—	—	58	41	99	63
	大阪支店 高松営業部	四国地区	店舗	—	—	7	1	8	5
	広島支店 ほか1店	中国地区	店舗	—	—	105	10	115	50
	福岡支店 ほか2店	九州・沖縄地区	店舗	—	—	94	17	111	66
	川崎ハイツ ほか11ヵ所	関東地区ほか	寮・社宅・厚生施設	14,132	3,774	905	13	4,692	—
みずほ証券株式会社	本社ほか2支社	東京地区ほか	店舗・事務所	3,315	1,067	2,517	5,839	9,424	4,190
	渋谷支店 ほか38店	関東地区	店舗	180	103	879	800	1,783	1,625
	札幌支店	北海道地区	店舗	—	—	10	14	24	48
	仙台支店 ほか4店	東北地区	店舗	—	—	13	9	23	94
	新潟支店 ほか5店	北陸・甲信越地区	店舗	—	—	65	16	82	138
	名古屋支店 ほか8店	東海地区	店舗	743	215	79	32	327	288
	梅田支店 ほか23店	近畿地区	店舗	883	183	187	100	471	718
	広島支店 ほか5店	中国地区	店舗	1,262	681	151	9	842	136
	高松支店 ほか3店	四国地区	店舗	—	—	18	8	27	85
	福岡支店 ほか8店	九州・沖縄地区	店舗	—	—	19	12	32	190
	社員クラブほか	東京地区ほか	厚生施設	65,338	0	2	0	2	—
	研修センター	東京都大田区	研修所	5,594	3,322	602	13	3,938	—

（その他）

会社名	店舗名その他	所在地	設備の内容	土地 面積（㎡）	土地 帳簿価額（百万円）	建物 帳簿価額（百万円）	動産等 帳簿価額（百万円）	合計 帳簿価額（百万円）	従業員数（人）
みずほファクター株式会社	本社ほか	東京地区ほか	事務所・店舗ほか	－	－	46	118	164	158
ユーシーカード株式会社	本社ほか	東京地区ほか	事務所・店舗ほか	3,688	10	643	365	1,017	413
瑞穂銀行（中国）有限公司	本店ほか	中華人民共和国上海市ほか	店舗	－	－	－	1,693	1,693	1,483
PT. Bank Mizuho Indonesia	本店	インドネシア共和国ジャカルタ市	店舗	－	－	134	164	298	369
Mizuho Bank Europe N.V.	本店ほか	オランダ王国アムステルダム市ほか	店舗	－	－	332	95	428	114
みずほ不動産販売株式会社ほか9社	本社ほか	東京地区ほか	店舗・事務所	－	－	542	190	732	1,002
Mizuho Trust & Banking Co. (Luxembourg) ほか1社	本社	欧州	事務所	－	－	10	46	56	167
アセットマネジメントOne株式会社	本社ほか	東京都千代田区ほか	事務所	－	－	1,001	126	1,127	813
みずほリサーチ&テクノロジーズ株式会社	本社ほか	東京地区	事務所	－	－	2,194	2,068	4,262	3,598
Mizuho Americas LLCほか4社	本社ほか	米国ニューヨーク州ニューヨーク市ほか	事務所ほか	－	－	15,168	8,191	23,359	2,513

（注）1. みずほ銀行の「中目黒事務センターほか」の従業員数は、「本部・本店ほか」の従業員数に含めて計上しております。

2. 土地の面積欄の（　）内は借地の面積（内書き）であり、その主な年間賃借料は建物等も含め、次のとおりであります。

	みずほ銀行	みずほ信託銀行	みずほ証券
年間賃借料（百万円）	49,743	4,957	8,661

3. みずほ銀行の国内代理店165ヵ所、外貨両替業務を主とした出張所（成田空港3ヵ所、羽田空港5ヵ所）、店舗外現金自動設備（1,463ヵ所、共同設置分56,480ヵ所は除く）の帳簿価額は上記に含めて記載しております。また、海外駐在員事務所6ヵ所も上記に含めて記載しております。

4. みずほ銀行及びみずほ証券の主要な設備には、連結子会社以外に貸与している土地、建物が含まれており、その内容は次のとおりであります。

	所在地	土地		建物
		面積 (㎡)	帳簿価額 (百万円)	帳簿価額 (百万円)
みずほ銀行	東京地区	9,171	11,684	14,219
	関東地区 (除く東京地区)	8,018	8,137	1,809
	北海道地区	－	－	121
	東北地区	1,250	790	154
	北陸・甲信越地区	1,425	1,140	402
	東海地区	986	1,258	59
	大阪地区	4,593	3,541	620
	近畿地区 (除く大阪地区)	1,318	2,039	737
	中国地区	200	62	144
	四国地区	1,195	2,201	282
	九州・沖縄地区	1,037	1,369	207
みずほ証券	中国地区	147	192	32
	大阪地区	716	230	155

5. 動産等にはリース資産を含めて記載しております。そのうち動産は次のとおりであります。

	事務機械 (百万円)	その他 (百万円)
みずほ銀行	15,981	13,590
みずほ信託銀行	633	2,229
みずほ証券	4,673	2,187

6. 上記のほか，リース・レンタル契約による主な賃借設備は，次のとおりであります。

会社名	店舗名 その他	所在地	設備の内容	従業員数 (人)	年間賃借料 (百万円)
株式会社みずほ銀行	本店ほか	東京地区ほか	電算機ほか	－	14,778
	本店ほか	東京地区ほか	車両（1,976台）	－	446
みずほ信託銀行株式会社	本店ほか	東京地区ほか	車両（297台）	－	94
みずほ証券株式会社	本社ほか	東京都千代田区ほか	電算機ほか	－	195
	本社ほか	東京都千代田区ほか	車両ほか	－	387

(その他)

会社名	店舗名 その他	所在地	設備の内容	従業員数 (人)	年間賃借料 (百万円)
ユーシーカード株式会社	本社	東京地区	電算機ほか	－	421

7. 内部管理上，みずほ銀行に係る固定資産は5つのカンパニー全てに，みずほ信託銀行及びみずほ証券に係る固定資産は3つのカンパニー（リテール・事業法人カンパニー，大企業・金融・公共法人カンパニー，グローバルマーケッツカンパニー）に配賦しております。

3 設備の新設, 除却等の計画

　当連結会計年度末において，新たに確定した重要な設備の新設，拡充，改修，除却等の計画はありません。

提出会社の状況

1 株式等の状況

(1) 株式の総数等 ···

① 株式の総数

種類	発行可能株式総数（株）
普通株式	4,800,000,000
第一回第十四種の優先株式 （注）1.	90,000,000
第二回第十四種の優先株式 （注）1.	90,000,000
第三回第十四種の優先株式 （注）1.	90,000,000
第四回第十四種の優先株式 （注）1.	90,000,000
第一回第十五種の優先株式 （注）2.	90,000,000
第二回第十五種の優先株式 （注）2.	90,000,000
第三回第十五種の優先株式 （注）2.	90,000,000
第四回第十五種の優先株式 （注）2.	90,000,000
第一回第十六種の優先株式 （注）3.	150,000,000
第二回第十六種の優先株式 （注）3.	150,000,000
第三回第十六種の優先株式 （注）3.	150,000,000
第四回第十六種の優先株式 （注）3.	150,000,000
計	5,130,000,000

（注）1. 第一回から第四回までの第十四種の優先株式の発行可能種類株式総数は併せて90,000,000株を超えないものとする。

2. 第一回から第四回までの第十五種の優先株式の発行可能種類株式総数は併せて90,000,000株を超えないものとする。

3. 第一回から第四回までの第十六種の優先株式の発行可能種類株式総数は併せて150,000,000株を超えないものとする。

② 発行済株式

種類	事業年度末現在発行数（株）（2023年3月31日）	提出日現在発行数（株）（2023年6月16日）	上場金融商品取引所名又は登録認可金融商品取引業協会名	内容
普通株式	2,539,249,894	2,539,249,894	東京証券取引所（プライム市場）ニューヨーク証券取引所（注）	権利内容に何ら限定のない当社における標準となる株式単元株式数100株
計	2,539,249,894	2,539,249,894	－	－

（注）米国預託証券（ADR）をニューヨーク証券取引所に上場しております。

経理の状況

1. 当社の連結財務諸表は，「連結財務諸表の用語，様式及び作成方法に関する規則」（昭和51年大蔵省令第28号）に基づいて作成しておりますが，資産及び負債の分類並びに収益及び費用の分類は，「銀行法施行規則」（昭和57年大蔵省令第10号）に準拠しております。

2. 当社の財務諸表は，「財務諸表等の用語，様式及び作成方法に関する規則」（昭和38年大蔵省令第59号。以下「財務諸表等規則」という）に基づいて作成しております。

   また，当社は，特例財務諸表提出会社に該当し，財務諸表等規則第127条の規定により財務諸表を作成しております。

3. 当社は，金融商品取引法第193条の2第1項の規定に基づき，連結会計年度（自2022年4月1日　至2023年3月31日）の連結財務諸表及び事業年度（自2022年4月1日　至2023年3月31日）の財務諸表について，EY新日本有限責任監査法人の監査証明を受けております。

4. 当社は，連結財務諸表等の適正性を確保するための特段の取組みを行っております。具体的には，会計基準等の内容把握や変更等について適切に対応するために，公益財団法人財務会計基準機構や一般社団法人全国銀行協会等の関係諸団体へ加入し情報収集を図り，積極的に意見発信を行うとともに，同機構等の行う研修に参加しております。また，重要な会計基準の変更等については，取締役会等へ適切に付議・報告を行っております。

（1）　連結財務諸表 ･････････････････････････････････････

①　連結貸借対照表

（単位：百万円）

	前連結会計年度 （2022年3月31日）	当連結会計年度 （2023年3月31日）
資産の部		
現金預け金	※5 51,359,301	※5 67,152,100
コールローン及び買入手形	940,008	1,386,895
買現先勘定	12,750,363	11,693,419
債券貸借取引支払保証金	2,340,089	1,897,429
買入金銭債権	3,476,021	3,836,735
特定取引資産	※5 13,221,415	※5 17,404,494
金銭の信託	591,183	514,607
有価証券	※1,※2,※3,※5,※13 44,641,060	※1,※2,※3,※5,※13 37,363,140
貸出金	※3,※4,※5,※6 84,736,280	※3,※4,※5,※6 88,687,155
外国為替	※3,※4 2,627,492	※3,※4 2,408,587
金融派生商品	2,277,160	2,184,875
その他資産	※3,※5 7,797,796	※3,※5 8,689,547
有形固定資産	※8,※9 1,095,977	※8,※9 1,105,851
建物	340,016	325,241
土地	※7 623,627	※7 618,787
リース資産	4,675	6,333
建設仮勘定	21,737	43,679
その他の有形固定資産	105,919	111,808
無形固定資産	601,292	572,719
ソフトウエア	371,534	375,322
のれん	52,547	49,613
リース資産	1,823	2,098
その他の無形固定資産	175,387	145,685
退職給付に係る資産	863,217	859,271
繰延税金資産	184,594	316,168
支払承諾見返	※3 8,346,878	※3 8,905,643
貸倒引当金	△783,886	△720,437
投資損失引当金	△107	△1
資産の部合計	237,066,142	254,258,203

	前連結会計年度 （2022年3月31日）	当連結会計年度 （2023年3月31日）
負債の部		
預金	※5 138,830,872	※5 150,498,976
譲渡性預金	16,868,931	13,788,347
コールマネー及び売渡手形	1,278,050	1,814,873
売現先勘定	※5 20,068,779	※5 25,735,560
債券貸借取引受入担保金	※5 1,172,248	※5 757,842
コマーシャル・ペーパー	1,775,859	1,782,111
特定取引負債	9,608,976	12,698,007
借用金	※5,※10 6,590,527	※5,※10 4,155,480
外国為替	1,508,453	671,552
短期社債	537,167	477,141
社債	※11 10,714,004	※11 11,371,189
信託勘定借	1,167,284	1,534,097
金融派生商品	2,770,852	2,749,138
その他負債	6,301,484	7,777,025
賞与引当金	120,052	126,694
変動報酬引当金	2,278	2,381
退職給付に係る負債	71,774	68,429
役員退職慰労引当金	557	539
貸出金売却損失引当金	1,309	15,049
偶発損失引当金	6,622	13,706
睡眠預金払戻損失引当金	17,620	13,695
債券払戻損失引当金	10,504	7,798
特別法上の引当金	3,132	3,352
繰延税金負債	30,923	22,391
再評価に係る繰延税金負債	※7 59,962	※7 58,711
支払承諾	8,346,878	8,905,643
負債の部合計	227,865,110	245,049,740
純資産の部		
資本金	2,256,767	2,256,767
資本剰余金	1,125,324	1,129,267
利益剰余金	4,756,435	5,093,911
自己株式	△8,342	△8,786
株主資本合計	8,130,185	8,471,160
その他有価証券評価差額金	719,822	564,495
繰延ヘッジ損益	△76,757	△358,102
土地再評価差額金	※7 132,156	※7 129,321
為替換算調整勘定	2,346	144,093
退職給付に係る調整累計額	169,652	182,306
在外関係会社における債務評価調整額	△23	19
その他の包括利益累計額合計	947,197	662,133
新株予約権	94	5
非支配株主持分	123,555	75,163
純資産の部合計	9,201,031	9,208,463
負債及び純資産の部合計	237,066,142	254,258,203

② 連結損益計算書及び連結包括利益計算書

連結損益計算書

(単位：百万円)

	前連結会計年度 (自　2021年4月1日 至　2022年3月31日)	当連結会計年度 (自　2022年4月1日 至　2023年3月31日)
経常収益	3,963,091	5,778,772
資金運用収益	1,309,009	3,178,214
貸出金利息	877,895	1,750,984
有価証券利息配当金	275,393	392,104
コールローン利息及び買入手形利息	1,426	13,898
買現先利息	29,694	281,313
債券貸借取引受入利息	2,431	22,411
預け金利息	58,748	498,504
その他の受入利息	63,419	218,996
信託報酬	60,490	58,958
役務取引等収益	905,575	915,534
特定取引収益	1,017,889	992,631
その他業務収益	393,956	452,853
その他経常収益	276,170	180,579
償却債権取立益	18,260	7,730
その他の経常収益	※1 257,910	※1 172,848
経常費用	3,403,244	4,989,165
資金調達費用	315,550	2,217,636
預金利息	64,829	840,042
譲渡性預金利息	15,436	209,222
コールマネー利息及び売渡手形利息	1,149	17,140
売現先利息	36,356	651,987
債券貸借取引支払利息	42	8,734
コマーシャル・ペーパー利息	3,721	51,776
借用金利息	6,034	34,377
短期社債利息	68	71
社債利息	171,577	238,031
その他の支払利息	16,334	166,251
役務取引等費用	164,579	163,841
特定取引費用	730,204	657,923
その他業務費用	224,116	280,386
営業経費	1,392,896	1,445,283
その他経常費用	575,896	224,095
貸倒引当金繰入額	236,491	65,698
その他の経常費用	※2 339,404	※2 158,396
経常利益	559,847	789,606

	前連結会計年度 （自　2021年4月1日 至　2022年3月31日）	当連結会計年度 （自　2022年4月1日 至　2023年3月31日）
特別利益	78,196	50,888
固定資産処分益	3,938	3,260
退職給付信託返還益	74,254	47,627
その他の特別利益	3	－
特別損失	34,171	61,530
固定資産処分損	6,585	7,462
減損損失	27,585	※3 51,545
関連会社株式売却損	－	2,301
その他の特別損失	－	220
税金等調整前当期純利益	603,872	778,964
法人税、住民税及び事業税	130,079	180,716
法人税等還付税額	△12,738	△9,911
法人税等調整額	△56,652	48,029
法人税等合計	60,688	218,834
当期純利益	543,183	560,130
非支配株主に帰属する当期純利益	12,703	4,602
親会社株主に帰属する当期純利益	530,479	555,527

連結包括利益計算書

	前連結会計年度 （自　2021年4月1日 至　2022年3月31日）	当連結会計年度 （自　2022年4月1日 至　2023年3月31日）
当期純利益	543,183	560,130
その他の包括利益	※1 △496,061	※1 △282,463
その他有価証券評価差額金	△411,077	△157,244
繰延ヘッジ損益	△108,186	△281,515
為替換算調整勘定	130,612	127,170
退職給付に係る調整額	△115,038	13,298
在外関係会社における債務評価調整額	△23	42
持分法適用会社に対する持分相当額	7,650	15,783
包括利益	47,121	277,666
（内訳）		
親会社株主に係る包括利益	33,676	273,298
非支配株主に係る包括利益	13,444	4,368

③ 連結株主資本等変動計算書

前連結会計年度（自　2021年4月1日　至　2022年3月31日）

（単位：百万円）

	株主資本				
	資本金	資本剰余金	利益剰余金	自己株式	株主資本合計
当期首残高	2,256,767	1,135,940	4,421,655	△7,124	7,807,239
会計方針の変更による累積的影響額			△724		△724
会計方針の変更を反映した当期首残高	2,256,767	1,135,940	4,420,931	△7,124	7,806,515
当期変動額					
剰余金の配当			△196,746		△196,746
親会社株主に帰属する当期純利益			530,479		530,479
自己株式の取得				△2,869	△2,869
自己株式の処分		△54		1,651	1,597
土地再評価差額金の取崩			4,227		4,227
非支配株主との取引に係る親会社の持分変動		△10,616			△10,616
持分法適用会社の減少等に伴う利益剰余金減少高			△2,402		△2,402
利益剰余金から資本剰余金への振替		54	△54		－
株主資本以外の項目の当期変動額（純額）					
当期変動額合計		△10,616	335,503	△1,217	323,669
当期末残高	2,256,767	1,125,324	4,756,435	△8,342	8,130,185

	その他の包括利益累計額							新株予約権	非支配株主持分	純資産合計
	その他有価証券評価差額金	繰延ヘッジ損益	土地再評価差額金	為替換算調整勘定	退職給付に係る調整累計額	在外関係会社における債務評価調整額	その他の包括利益累計額合計			
当期首残高	1,132,460	31,618	136,384	△139,514	288,088		1,449,035	134	105,797	9,362,207
会計方針の変更による累積的影響額						－				△724
会計方針の変更を反映した当期首残高	1,132,460	31,618	136,384	△139,514	288,088	－	1,449,035	134	105,797	9,361,483
当期変動額										
剰余金の配当										△196,746
親会社株主に帰属する当期純利益										530,479
自己株式の取得										△2,869
自己株式の処分										1,597
土地再評価差額金の取崩										4,227
非支配株主との取引に係る親会社の持分変動										△10,616
持分法適用会社の減少等に伴う利益剰余金減少高										△2,402
利益剰余金から資本剰余金への振替										
株主資本以外の項目の当期変動額（純額）	△412,638	△108,375	△4,227	141,861	△118,435	△23	△501,838	△40	17,757	△484,121
当期変動額合計	△412,638	△108,375	△4,227	141,861	△118,435	△23	△501,838	△40	17,757	△160,451
当期末残高	719,822	△76,757	132,156	2,346	169,652	△23	947,197	94	123,555	9,201,031

当連結会計年度（自　2022年4月1日　至　2023年3月31日）

（単位：百万円）

	株主資本				
	資本金	資本剰余金	利益剰余金	自己株式	株主資本合計
当期首残高	2,256,767	1,125,324	4,756,435	△8,342	8,130,185
当期変動額					
剰余金の配当			△209,432		△209,432
親会社株主に帰属する当期純利益			555,527		555,527
自己株式の取得				△2,314	△2,314
自己株式の処分		△255		1,870	1,615
土地再評価差額金の取崩			2,834		2,834
非支配株主との取引に係る親会社の持分変動		4,064			4,064
持分法適用会社の減少等に伴う利益剰余金減少高			△11,319		△11,319
利益剰余金から資本剰余金への振替		134	△134		
株主資本以外の項目の当期変動額（純額）					
当期変動額合計	-	3,943	337,475	△443	340,975
当期末残高	2,256,767	1,129,267	5,093,911	△8,786	8,471,160

	その他の包括利益累計額							新株予約権	非支配株主持分	純資産合計
	その他有価証券評価差額金	繰延ヘッジ損益	土地再評価差額金	為替換算調整勘定	退職給付に係る調整累計額	在外関係会社における債務評価調整額	その他の包括利益累計額合計			
当期首残高	719,822	△76,757	132,156	2,346	169,652	△23	947,197	94	123,555	9,201,031
当期変動額										
剰余金の配当										△209,432
親会社株主に帰属する当期純利益										555,527
自己株式の取得										△2,314
自己株式の処分										1,615
土地再評価差額金の取崩										2,834
非支配株主との取引に係る親会社の持分変動										4,064
持分法適用会社の減少等に伴う利益剰余金減少高										△11,319
利益剰余金から資本剰余金への振替										
株主資本以外の項目の当期変動額（純額）	△155,326	△281,345	△2,834	141,746	12,654	42	△285,063	△88	△48,392	△333,544
当期変動額合計	△155,326	△281,345	△2,834	141,746	12,654	42	△285,063	△88	△48,392	7,431
当期末残高	564,495	△358,102	129,321	144,093	182,306	19	662,133	5	75,163	9,208,463

④ 連結キャッシュ・フロー計算書

	前連結会計年度 （自　2021年4月1日 至　2022年3月31日）	当連結会計年度 （自　2022年4月1日 至　2023年3月31日）
営業活動によるキャッシュ・フロー		
税金等調整前当期純利益	603,872	778,964
減価償却費	161,897	163,166
減損損失	27,585	51,545
のれん償却額	3,741	3,771
持分法による投資損益（△は益）	△25,434	△11,889
貸倒引当金の増減（△）	194,340	△71,488
投資損失引当金の増減額（△は減少）	106	△106
貸出金売却損失引当金の増減額（△は減少）	234	13,740
偶発損失引当金の増減（△）	△202	6,115
賞与引当金の増減額（△は減少）	11,954	1,746
変動報酬引当金の増減額（△は減少）	△656	102
退職給付に係る資産の増減額（△は増加）	56,392	69,067
退職給付に係る負債の増減額（△は減少）	6,169	△4,506
役員退職慰労引当金の増減額（△は減少）	△126	△17
睡眠預金払戻損失引当金の増減（△）	△4,479	△3,924
債券払戻損失引当金の増減（△）	△3,915	△2,706
資金運用収益	△1,309,009	△3,178,214
資金調達費用	315,550	2,217,636
有価証券関係損益（△）	62,305	50,633
金銭の信託の運用損益（△は運用益）	85	22
為替差損益（△は益）	△928,800	△662,938
固定資産処分損益（△は益）	2,647	4,202
退職給付信託返還損益（△は益）	△74,254	△47,627
特定取引資産の純増（△）減	△201,023	△3,869,757
特定取引負債の純増減（△）	1,234,368	2,855,475
金融派生商品資産の純増（△）減	△528,425	118,439
金融派生商品負債の純増減（△）	996,914	△46,028
貸出金の純増（△）減	1,343,307	△2,092,530
預金の純増減（△）	3,508,335	10,000,741
譲渡性預金の純増減（△）	△913,529	△3,395,330
借用金（劣後特約付借入金を除く）の純増減（△）	△869,766	△2,436,997
預け金（中央銀行預け金を除く）の純増（△）減	△125,565	△44,557
コールローン等の純増（△）減	△928,392	1,029,697
債券貸借取引支払保証金の純増（△）減	367,621	442,660
コールマネー等の純増減（△）	△133,057	4,808,324
コマーシャル・ペーパーの純増減（△）	△551,464	△155,216
債券貸借取引受入担保金の純増減（△）	214,099	△414,405
外国為替（資産）の純増（△）減	△398,661	357,779
外国為替（負債）の純増減（△）	973,697	△837,977
短期社債（負債）の純増減（△）	81,121	△60,026
普通社債発行及び償還による増減（△）	607,064	887,829
信託勘定借の純増減（△）	6,676	366,812
資金運用による収入	1,424,865	3,027,958

	前連結会計年度 （自　2021年4月1日 至　2022年3月31日）	当連結会計年度 （自　2022年4月1日 至　2023年3月31日）
資金調達による支出	△273,855	△2,028,391
その他	147,257	1,108,820
小計	5,081,594	9,000,617
法人税等の支払額又は還付額（△は支払）	△164,408	△133,371
営業活動によるキャッシュ・フロー	4,917,186	8,867,246
投資活動によるキャッシュ・フロー		
有価証券の取得による支出	△102,478,445	△80,978,246
有価証券の売却による収入	57,161,461	44,652,769
有価証券の償還による収入	43,586,621	43,032,475
金銭の信託の増加による支出	△31,898	△3,843
金銭の信託の減少による収入	22,312	79,409
有形固定資産の取得による支出	△42,297	△64,845
無形固定資産の取得による支出	△96,964	△118,331
有形固定資産の売却による収入	18,239	9,813
無形固定資産の売却による収入	480	－
連結の範囲の変更を伴う子会社株式の取得による支出	－	△3,533
投資活動によるキャッシュ・フロー	△1,860,490	6,605,667
財務活動によるキャッシュ・フロー		
劣後特約付借入れによる収入	10,000	20,000
劣後特約付借入金の返済による支出	△4,000	△35,000
劣後特約付社債の発行による収入	171,410	208,500
劣後特約付社債の償還による支出	△494,000	△544,615
非支配株主からの払込みによる収入	565	2,219
非支配株主への払戻による支出	△502	△324
配当金の支払額	△196,783	△209,457
非支配株主への配当金の支払額	△7,693	△10,459
連結の範囲の変更を伴わない子会社株式の取得による支出	－	△41,307
自己株式の取得による支出	△1,927	△2,314
自己株式の売却による収入	873	1,615
子会社の自己株式の取得による支出	△0	－
財務活動によるキャッシュ・フロー	△522,056	△611,143
現金及び現金同等物に係る換算差額	620,261	827,611
現金及び現金同等物の増減額（△は減少）	3,154,900	15,689,381
現金及び現金同等物の期首残高	46,981,399	50,136,299
現金及び現金同等物の期末残高	※1 50,136,299	※1 65,825,681

【注記事項】
（連結財務諸表作成のための基本となる重要な事項）

1. 連結の範囲に関する事項 ⋯⋯⋯⋯⋯⋯⋯⋯⋯⋯⋯⋯⋯⋯⋯⋯⋯⋯⋯⋯⋯

（1） 連結子会社　178社 ⋯⋯⋯⋯⋯⋯⋯⋯⋯⋯⋯⋯⋯⋯⋯⋯⋯⋯⋯⋯⋯⋯⋯⋯⋯

主要な連結子会社名は，「第1　企業の概況　4．関係会社の状況」に記載しているため省略しました。

（連結の範囲の変更）

Capstone Partners GP, LLC他47社は株式取得等により，当連結会計年度から連結の範囲に含めております。

みずほトラスト保証株式会社他32社は合併等により，子会社に該当しないことになったことから，当連結会計年度より連結の範囲から除外しております。

（2）　非連結子会社 ⋯⋯⋯⋯⋯⋯⋯⋯⋯⋯⋯⋯⋯⋯⋯⋯⋯⋯⋯⋯⋯⋯⋯⋯⋯⋯

該当ありません。

2. 持分法の適用に関する事項 ⋯⋯⋯⋯⋯⋯⋯⋯⋯⋯⋯⋯⋯⋯⋯⋯⋯⋯⋯⋯⋯⋯

（1）　持分法適用の非連結子会社 ⋯⋯⋯⋯⋯⋯⋯⋯⋯⋯⋯⋯⋯⋯⋯⋯⋯⋯⋯

該当ありません。

（2）　持分法適用の関連会社　25社 ⋯⋯⋯⋯⋯⋯⋯⋯⋯⋯⋯⋯⋯⋯⋯⋯⋯⋯

主要な会社名

　　株式会社日本カストディ銀行

　　株式会社オリエントコーポレーション

　　みずほリース株式会社

（持分法適用の範囲の変更）

楽天証券株式会社他1社は株式取得により，当連結会計年度から持分法適用の範囲に含めております。

株式会社千葉興業銀行は持分減少により，関連会社に該当しないことになったことから，当連結会計年度より持分法適用の範囲から除外しております。

（3）　持分法非適用の非連結子会社 ⋯⋯⋯⋯⋯⋯⋯⋯⋯⋯⋯⋯⋯⋯⋯⋯⋯⋯⋯

該当ありません。

（4）　持分法非適用の関連会社 ……………………………………………………………

　　Pec International Leasing Co., Ltd.

　持分法非適用の関連会社は，当期純損益（持分に見合う額），利益剰余金（持分に見合う額）及びその他の包括利益累計額（持分に見合う額）等からみて，持分法適用の範囲から除外しても連結財務諸表に重要な影響を与えないため，持分法適用の範囲から除外しております。

3．連結子会社の事業年度等に関する事項 ………………………………………

（1）　連結子会社の決算日は次の通りであります。

　　7月末日　　1社

　　12月末日　　45社

　　3月末日　　132社

（2）　連結財務諸表の作成に当っては，それぞれの決算日の財務諸表により連結しております。連結決算日と上記の決算日との間に生じた重要な取引については，必要な調整を行っております。

4．会計方針に関する事項 ………………………………………………………

（1）　売買目的有価証券に準じた貸出債権の評価基準及び収益・費用の計上基準

　貸出債権のうちトレーディング目的で保有するものについては，売買目的有価証券に準じて，取引の約定時点を基準として連結貸借対照表上「買入金銭債権」に計上するとともに，当該貸出債権に係る買入金銭債権の評価は，連結決算日の時価により行っております。また，当該貸出債権からの当連結会計年度中の受取利息及び売却損益等に，前連結会計年度末と当連結会計年度末における評価損益の増減額を加えた損益を，連結損益計算書上「その他　業務収益」及び「その他業務費用」に計上しております。

（2）　特定取引資産・負債の評価基準及び収益・費用の計上基準 ………………

　金利，通貨の価格，金融商品市場における相場その他の指標に係る短期的な変動，市場間の格差等を利用して利益を得る等の目的（以下「特定取引目的」という）の取引については，取引の約定時点を基準とし，連結貸借対照表上「特定取引資

産」及び「特定取引負債」に計上するとともに，当該取引からの損益を連結損益計算書上「特定取引収益」及び「特定取引費用」に計上しております。

特定取引資産及び特定取引負債の評価は，有価証券及び金銭債権等については連結決算日の時価により，スワップ・先物・オプション取引等の派生商品については連結決算日において決済したものとみなした額により行っております。

また，特定取引収益及び特定取引費用の損益計上は，当連結会計年度中の受払利息等に，有価証券及び金銭債権等については前連結会計年度末と当連結会計年度末における評価損益の増減額を，派生商品については前連結会計年度末と当連結会計年度末におけるみなし決済からの損益相当額の増減額を加えております。

なお，派生商品については，特定の市場リスク及び特定の信用リスクに関して，金融資産及び金融負債を相殺した後の正味の資産又は負債を基礎として，当該金融資産及び金融負債のグループを単位とした時価を算定しております。

(3) 有価証券の評価基準及び評価方法 ………………………………………

（イ） 有価証券の評価は，満期保有目的の債券については移動平均法による償却原価法（定額法），持分法非適用の関連会社株式については移動平均法による原価法，その他有価証券については時価法（売却原価は主として移動平均法により算定），ただし市場価格のない株式等については移動平均法による原価法により行っております。

なお，その他有価証券の評価差額については，時価ヘッジの適用により損益に反映させた額を除き，全部純資産直入法により処理しております。

（ロ） 金銭の信託において信託財産を構成している有価証券の評価は，上記（イ）と同じ方法により行っております。

(4) デリバティブ取引の評価基準及び評価方法 ………………………………

デリバティブ取引（特定取引目的の取引を除く）の評価は，時価法により行っております。

なお，特定の市場リスク及び特定の信用リスクに関して，金融資産及び金融負債を相殺した後の正味の資産又は負債を基礎として，当該金融資産及び金融負債のグループを単位とした時価を算定しております。

(5)　固定資産の減価償却の方法 ····························

① 有形固定資産（リース資産を除く）

　有形固定資産は，建物については主として定額法，その他については主として定率法を採用しております。また，主な耐用年数は次の通りであります。

　　建　物：3年～50年

　　その他：2年～20年

② 無形固定資産（リース資産を除く）

　無形固定資産は，定額法により償却しております。なお，自社利用のソフトウェアについては，各社で定める利用可能期間（主として5年～10年）に基づいて償却しております。

③ リース資産

　所有権移転外ファイナンス・リース取引に係る「有形固定資産」及び「無形固定資産」中のリース資産は，原則として自己所有の固定資産に適用する方法と同一の方法で償却しております。

(6)　繰延資産の処理方法 ····························

　社債発行費は，発生時に全額費用として処理しております。

(7)　貸倒引当金の計上基準 ····························

　主要な国内連結子会社の貸倒引当金は，予め定めている償却・引当基準に則り，次の通り計上しております。

　破産，特別清算等法的に経営破綻の事実が発生している債務者（以下「破綻先」という）に係る債権及びそれと同等の状況にある債務者（以下「実質破綻先」という）に係る債権については，以下のなお書きに記載されている直接減額後の帳簿価額から，担保の処分可能見込額及び保証による回収可能見込額を控除し，その残額を計上しております。また，現在は経営破綻の状況にないが，今後経営破綻に陥る可能性が大きいと認められる債務者（以下「破綻懸念先」という）に係る債権については，債権額から，担保の処分可能見込額及び保証による回収可能見込額を控除し，その残額のうち，債務者の支払能力を総合的に判断し必要と認める額を計上しております。

　破綻懸念先及び貸出条件緩和債権等を有する債務者で与信額が一定額以上の

大口債務者のうち，債権の元本の回収及び利息の受取りに係るキャッシュ・フローを合理的に見積もることができる債権については，当該キャッシュ・フローを貸出条件緩和実施前の約定利子率等で割引いた金額と債権の帳簿価額との差額を貸倒引当金とする方法（キャッシュ・フロー見積法）により計上しております。また，当該大口債務者のうち，将来キャッシュ・フローを合理的に見積もることが困難な債務者に対する債権については，個別的に算定した予想損失額を計上しております。

上記以外の債権については，主として今後1年間の予想損失額又は今後3年間の予想損失額を見込んで計上しており，予想損失額は，1年間又は3年間の貸倒実績又は倒産実績を基礎とした貸倒実績率又は倒産確率の過去の一定期間における平均値に基づき損失率を求め，これに将来見込み等必要な修正を加えて算定しております。特定海外債権については，対象国の政治経済情勢等に起因して生ずる損失見込額を特定海外債権引当勘定として計上しております。

すべての債権は，資産の自己査定基準に基づき，営業関連部署が資産査定を実施し，当該部署から独立した資産監査部署が査定結果を監査しております。

なお，破綻先及び実質破綻先に対する担保・保証付債権等については，債権額から担保の評価額及び保証による回収が可能と認められる額を控除した残額を取立不能見込額として債権額から直接減額しており，その金額は87,534百万円（前連結会計年度末は109,122百万円）であります。

その他の連結子会社の貸倒引当金は，一般債権については過去の貸倒実績率等を勘案して必要と認めた額を，貸倒懸念債権等特定の債権については，個別に回収可能性を勘案し，回収不能見込額をそれぞれ計上しております。

（追加情報）

ロシアへの経済制裁による外貨繰り懸念等に起因し，トランスファーリスクが回避されていない債権額に対して将来発生が見込まれる予想損失額を特定海外債権引当勘定として計上しております。

当該予想損失額は，ロシアのカントリーリスク評価及び外部格付機関が公表する過去のデフォルト実績等に基づき算出しており，当連結会計年度末においては特定海外債権引当勘定43,937百万円のうち，42,418百万円をロシアに関連す

る当該債権額に対して計上しております。

(8) 投資損失引当金の計上基準 ································

投資損失引当金は，投資に対する損失に備えるため，有価証券の発行会社の財政状態等を勘案して必要と認められる額を計上しております。

(9) 賞与引当金の計上基準 ····················

賞与引当金は，従業員への賞与の支払いに備えるため，従業員に対する賞与の支給見込額のうち，当連結会計年度に帰属する額を計上しております。

(10) 変動報酬引当金の計上基準 ···························

変動報酬引当金は，当社，株式会社みずほ銀行，みずほ信託銀行株式会社，みずほ証券株式会社及び一部の連結子会社の役員及びグループ執行役員等に対する報酬のうち変動報酬として支給する業績給及び株式報酬の支払いに備えるため，当連結会計年度の変動報酬に係る基準額に基づく支給見込額を計上しております。

(11) 役員退職慰労引当金の計上基準 ·····················

役員退職慰労引当金は，役員及び執行役員の退職により支給する退職慰労金に備えるため，内規に基づく支給見込額のうち，当連結会計年度末までに発生していると認められる額を計上しております。

(12) 貸出金売却損失引当金の計上基準 ····················

貸出金売却損失引当金は，売却予定貸出金について将来発生する可能性のある損失を見積り必要と認められる額を計上しております。

(13) 偶発損失引当金の計上基準 ·························

偶発損失引当金は，他の引当金で引当対象とした事象以外の偶発事象に対し，将来発生する可能性のある損失を見積り必要と認められる額を計上しております。

(14) 睡眠預金払戻損失引当金の計上基準 ···················

睡眠預金払戻損失引当金は，負債計上を中止した預金について，預金者からの払戻請求に備えるため，将来の払戻請求に応じて発生する損失を見積り必要と認める額を計上しております。

（15） 債券払戻損失引当金の計上基準 ・・・

　債券払戻損失引当金は，負債計上を中止した債券について，債券保有者からの払戻請求に備えるため，将来の払戻請求に応じて発生する損失を見積り必要と認める額を計上しております。

（16） 特別法上の引当金の計上基準 ・・・

　特別法上の引当金は，金融商品取引責任準備金であり，有価証券の売買その他の取引又はデリバティブ取引等に関して生じた事故による損失の補填に充てるため，金融商品取引法第46条の5及び金融商品取引業等に関する内閣府令第175条の規定に定めるところにより算出した額を計上しております。

（17） 退職給付に係る会計処理の方法 ・・・

　退職給付債務の算定にあたり，退職給付見込額を当連結会計年度末までの期間に帰属させる方法については給付算定式基準によっております。また，過去勤務費用及び数理計算上の差異の損益処理方法は次の通りであります。

　　過去勤務費用　　：主としてその発生連結会計年度に一時損益処理

　　数理計算上の差異：各連結会計年度の発生時の従業員の平均残存勤務期間内の一定の年数（主として10年）による定額法により按分した額を，それぞれ発生の翌連結会計年度から損益処理

　なお，一部の連結子会社は，退職給付に係る負債及び退職給付費用の計算に，退職給付に係る当期末自己都合要支給額を退職給付債務とする方法を用いた簡便法を適用しております。

（18） 外貨建の資産及び負債の本邦通貨への換算基準 ・・・・・・・・・・・・・・・・・・・・・・・・・・・・・・・・・・

　国内銀行連結子会社及び国内信託銀行連結子会社の外貨建資産・負債及び海外支店勘定は，取得時の為替相場による円換算額を付す持分法非適用の関連会社株式を除き，主として連結決算日の為替相場による円換算額を付しております。

　上記以外の連結子会社の外貨建資産・負債については，それぞれの決算日等の為替相場により換算しております。

（19） 重要な収益の計上基準 ・・

　証券関連業務手数料には，主に売買委託手数料及び事務代行手数料が含まれております。売買委託手数料には，株式，債券及び投資信託の販売手数料が含ま

れており，顧客との取引日の時点で認識されます。事務代行手数料には，投資信託の記録管理等の事務処理に係る手数料が含まれており，関連するサービスが提供されている期間にわたり認識されます。

預金・貸出業務手数料には，預金関連業務手数料及び貸出関連業務手数料が含まれております。預金関連業務手数料は収益認識会計基準の対象ですが，コミットメント手数料やアレンジメント手数料などの貸出関連業務手数料の大部分は収益認識会計基準の対象外です。預金関連業務手数料には，口座振替に係る手数料等が含まれており，顧客との取引日の時点，又は関連するサービスが提供された時点で認識されます。

受入為替手数料には，国内外の送金の手数料が含まれており，関連するサービスが提供された時点で認識されます。

信託関連業務には，主に不動産媒介の手数料や不動産の相談手数料，証券代行関連手数料が含まれております。不動産媒介の手数料は，不動産等の媒介に係るサービスの対価として受領する手数料であり，原則として対象不動産又は信託受益権の売買契約締結時に認識されます。不動産の相談手数料は，不動産のコンサルティング等に係るサービスの対価として受領する手数料であり，関連するサービスが提供された時点，又は関連するサービスが提供されている期間にわたり認識されます。証券代行関連手数料は，証券代行業務及び付随するサービスの対価として受領する手数料であり，関連するサービスが提供された時点，又は関連するサービスが提供されている期間にわたり認識されます。

代理業務手数料には，主に日本の宝くじ事業など代理店事業に係る事務手数料及び株式等の常任代理業務手数料が含まれており，関連するサービスが提供された時点，又は関連するサービスが提供されている期間にわたり認識されます。

その他の役務収益には，生命保険の販売手数料，電子バンキングのサービス手数料，ファイナンシャル・アドバイザリー手数料，ソフトウェア開発等に係る売上等が含まれております。生命保険の販売手数料は，保険商品の販売の対価として収受し，主に顧客との取引日の時点で認識されます。電子バンキングのサービス手数料は，主に月額基本使用料であり，関連するサービスが提供されている期間にわたり認識されます。ファイナンシャル・アドバイザリー手数料は，市場調

査や事業戦略立案のサポート等の対価として収受し，関連するサービスが提供されている期間にわたり認識されます。ソフトウェア開発等に係る売上は，主に関連するサービスが提供されている期間にわたり認識されます。

信託報酬には，主に委託者から信託された財産の管理，運用等のサービス提供の対価として受領する手数料が含まれており，信託設定時点や契約書で定められた業務の完了時点，又は関連するサービスが提供されている期間にわたり認識されます。

その他の経常収益には，収益認識会計基準の対象となる取引が一部含まれており，株式や債券の引受手数料，クレジットカード手数料及びアセットマネジメント関連手数料等が該当します。引受手数料は原則として取引条件が確定した時点で認識しております。クレジットカード手数料は，決済が行われた時点で認識しております。アセットマネジメント関連手数料は投資信託の運用報酬と投資顧問料で構成されており，関連するサービスが提供されて　いる期間にわたり認識されます。

(20) 重要なヘッジ会計の方法 ………………………………………………

（イ）　金利リスク・ヘッジ

金融資産・負債から生じる金利リスクのヘッジ取引に対するヘッジ会計の方法として，繰延ヘッジ又は時価ヘッジあるいは金利スワップの特例処理を適用しております。

国内銀行連結子会社及び国内信託銀行連結子会社において，小口多数の金銭債権債務に対する包括ヘッジについて，「銀行業における金融商品会計基準適用に関する会計上及び監査上の取扱い」（日本公認会計士協会業種別委員会実務指針第24号　2022年3月17日。以下「業種別委員会実務指針第24号」という）を適用しております。

ヘッジ有効性の評価は，小口多数の金銭債権債務に対する包括ヘッジについて以下の通り行っております。

（ⅰ）相場変動を相殺するヘッジについては，ヘッジ対象となる預金・貸出金等とヘッジ手段である金利スワップ取引等を一定の期間毎にグルーピングのうえ特定し有効性を評価しております。

（ⅱ）キャッシュ・フローを固定するヘッジについては，ヘッジ対象とヘッジ手段の金利変動要素の相関関係を検証し有効性を評価しております。

個別ヘッジについてもヘッジ対象とヘッジ手段の相場変動又はキャッシュ・フロー変動を比較し，両者の変動額等を基礎にして，ヘッジの有効性を評価しております。

（ロ）　為替変動リスク・ヘッジ

国内銀行連結子会社及び国内信託銀行連結子会社における外貨建金融資産・負債から生じる為替変動リスクに対するヘッジ会計の方法は，「銀行業における外貨建取引等の会計処理に関する会計上及び監査上の取扱い」（日本公認会計士協会業種別委員会実務指針第25号　2020年10月8日。以下「業種別委員会実務指針第25号」という）に規定する繰延ヘッジによっております。ヘッジ有効性評価の方法については，外貨建金銭債権債務等の為替変動リスクを減殺する目的で行う通貨スワップ取引及び為替スワップ取引等をヘッジ手段とし，ヘッジ対象である外貨建金銭債権債務等に見合うヘッジ手段の外貨ポジション相当額が存在することを確認することによりヘッジの有効性を評価しております。

また，外貨建子会社株式及び関連会社株式並びに外貨建その他有価証券（債券以外）の為替変動リスクをヘッジするため，事前にヘッジ対象となる外貨建有価証券の銘柄を特定し，当該外貨建有価証券について外貨ベースで取得原価以上の直先負債が存在していること等を条件に包括ヘッジとして繰延ヘッジ及び時価ヘッジを適用しております。

（ハ）　連結会社間取引等

デリバティブ取引のうち連結会社間及び特定取引勘定とそれ以外の勘定との間（又は内部部門間）の内部取引については，ヘッジ手段として指定している金利スワップ取引及び通貨スワップ取引等に対して，業種別委員会実務指針第24号及び同第25号に基づき，恣意性を排除し厳格なヘッジ運営が可能と認められる対外カバー取引の基準に準拠した運営を行っているため，当該金利スワップ取引及び通貨スワップ取引等から生じる収益及び費用は消去せずに損益認識又は繰延処理を行っております。

なお，当社及び連結子会社の一部の資産・負債については，繰延ヘッジ，時価

ヘッジ，あるいは金利スワップの特例処理を行っております。

(ニ) 「LIBORを参照する金融商品に関するヘッジ会計の取扱い」を適用しているヘッジ関係

上記のヘッジ関係のうち，「LIBORを参照する金融商品に関するヘッジ会計の取扱い」（実務対応報告第40号　2022年3月17日）の適用範囲に含まれるヘッジ関係のすべてに，当該実務対応報告に定められる特例的な取扱いを適用しております。当該実務対応報告を適用しているヘッジ関係の内容は，以下の通りです。

ヘッジ会計の方法…繰延ヘッジ，時価ヘッジ，あるいは金利スワップの特例処理によっています。

ヘッジ手段　　　…主に金利スワップ取引，通貨スワップ取引，あるいは為替スワップ取引等

ヘッジ対象　　　…主に金融資産・負債や外貨建金融資産・負債等

ヘッジ取引の種類…相場変動を相殺するもの，キャッシュ・フローを固定するもの

(21) のれんの償却方法及び償却期間 ·······················

のれんについては，20年以内のその効果の及ぶ期間にわたって均等償却しております。なお，金額に重要性が乏しいのれんについては発生年度に全額償却しております。

(22) 連結キャッシュ・フロー計算書における資金の範囲 ·················

連結キャッシュ・フロー計算書における資金の範囲は，連結貸借対照表上の「現金預け金」のうち現金及び中央　銀行への預け金であります。

(重要な会計上の見積り)

1. 貸倒引当金 ··

(1) 当連結会計年度に係る連結財務諸表に計上した額

貸倒引当金　720,437百万円

(2) 識別した項目に係る重要な会計上の見積りの内容に関する理解に資する情報

① 算出方法

「会計方針に関する事項」「(7) 貸倒引当金の計上基準」に記載しております。なお，損失発生の可能性が高いと判断された信用リスクの特性が類似するポートフォリオにおいては，予想損失額の必要な修正を行っております。ポートフォリオの損失発生の可能性については，信用リスク管理の枠組みも活用し，外部環境の将来見込み等を踏まえて判断しております。

② 主要な仮定

主要な仮定は，「内部格付の付与及びキャッシュ・フロー見積法に使用する与信先の将来の業績見通し」及び「予想損失額の必要な修正等に使用する外部環境の将来見込み」であります。

「内部格付の付与及びキャッシュ・フロー見積法に使用する与信先の将来の業績見通し」は，与信先の業績，債務履行状況，業種特性や事業計画の策定及び進捗状況等に加え，事業環境の将来見通し等も踏まえた収益獲得能力等に基づき設定しております。

「予想損失額の必要な修正等に使用する外部環境の将来見込み」は，マクロ経済シナリオ等に基づき設定しております。具体的には，当連結会計年度においては，新型コロナウイルス感染症の収束に伴うインバウンド需要の回復や物価高に加え，ロシア・ウクライナ情勢や米中対立等を踏まえたシナリオを用い，当該シナリオにはGDP成長率の予測，資源価格，金利や為替などの金融指標，業種ごとの事業環境の将来見通し及び半導体減産影響等を含んでおり，これらの影響により将来発生すると見込まれる予想損失額を貸倒引当金として計上しております。

③ 翌連結会計年度に係る連結財務諸表に及ぼす影響

国内外の景気動向，特定の業界における経営環境の変化等によっては，想定を超える新たな不良債権の発生，特定の業界の与信先の信用状態の悪化，担保・保証の価値下落等が生じ，与信関係費用の増加による追加的損失が発生する可能性があります。

2. 金融商品の時価評価

(1) 当連結会計年度に係る連結財務諸表に計上した額

「(金融商品関係)」「2. 金融商品の時価等及び時価のレベルごとの内訳等に関

する事項」「(1) 時価で連結貸借対照表に計上している金融商品」に記載しております。

(2)　識別した項目に係る重要な会計上の見積りの内容に関する理解に資する情報

　① 算出方法

　「(金融商品関係)」「2.　金融商品の時価等及び時価のレベルごとの内訳等に関する事項(注1) 時価の算定に用いた評価技法及び時価の算定に係るインプットの説明」に記載しております。

　② 主要な仮定

　主要な仮定は, 時価評価モデルに用いるインプットであり, 金利, 為替レート, 有価証券の時価等の市場で直接又は間接的に観察可能なインプットのほか, 期限前償還率, 倒産確率, 回収率, 割引率, 相関係数, ボラティリティ等の重要な見積りを含む市場で観察できないインプットを使用する場合もあります。

　③ 翌連結会計年度に係る連結財務諸表に及ぼす影響

　市場環境の変化等により主要な仮定であるインプットが変化することにより, 金融商品の時価が増減する可能性があります。

3.　退職給付に係る資産及び負債 ·····································

(1)　当連結会計年度に係る連結財務諸表に計上した額

「(退職給付関係)」に記載しております。

(2)　識別した項目に係る重要な会計上の見積りの内容に関する理解に資する情報

　① 算出方法

　当社及び一部の連結子会社は, 確定給付型の制度として, 企業年金基金制度や退職一時金制度を設けております。退職給付に係る資産及び負債は, 死亡率, 退職率, 割引率, 年金資産の長期期待運用収益率, 予定昇給率など, いくつかの年金数理上の仮定に基づいて計算されております。

　② 主要な仮定

　主要な仮定は, 「年金数理上の仮定」であります。死亡率, 退職率, 割引率, 年金資産の長期期待運用収益率, 予定昇給率など, いくつかの年金数理上の

仮定に基づいて退職給付に係る資産及び負債の金額を計算しております。

③　翌連結会計年度に係る連結財務諸表に及ぼす影響

　実際の結果との差異や主要な仮定の変更が，翌連結会計年度の連結財務諸表において退職給付に係る資産及び負債の金額に重要な影響を及ぼす可能性があります。

（会計方針の変更）

（時価の算定に関する会計基準の適用指針の適用）

　「時価の算定に関する会計基準の適用指針」（企業会計基準適用指針第31号2021年6月17日。以下「時価算定会計基準適用指針」という）を当連結会計年度の期首から適用し，時価算定会計基準適用指針第27-2項に定める経過的な取扱いに従って，時価算定会計基準適用指針が定める新たな会計方針を将来にわたって適用することといたしました。これにより一部の投資信託等については，時価の算定日における基準価額等を用いて時価を算定することといたしました。

　なお，「金融商品関係」注記の金融商品の時価等及び時価のレベルごとの内訳等に関する事項における投資信託に関する注記事項においては，時価算定会計基準適用指針第27-3項に従って，前連結会計年度に係るものについては記載しておりません。

（追加情報）

（役員株式給付信託（BBT）制度）

　当社は，みずほフィナンシャルグループの企業理念の下，経営の基本方針に基づき様々なステークホルダーの価値創造に資する経営の実現と当社グループの持続的かつ安定的な成長による企業価値の向上を図る上で，各々の役員及びグループ執行役員等が果たすべき役割を最大限発揮するためのインセンティブ及び当該役割発揮に対する対価として機能することを目的に，信託を活用した株式報酬制度（以下「本制度」という）を導入しております。

（1）取引の概要

　本制度は，役員株式給付信託（BBT）と称される仕組みを採用しており，当

社が拠出する金銭を原資として，当社株式が信託を通じて株式市場から取得され，予め定める株式給付規程に基づき当社，株式会社みずほ銀行，みずほ信託銀行株式会社及びみずほ証券株式会社の役員等に給付されるものであり，職責等に応じて株式等を給付する制度（以下「株式報酬Ⅰ」という）及び当社グループの全社業績等に応じて株式等を給付する制度（以下「株式報酬Ⅱ」という）並びに当社及び一部の連結子会社の執行理事に給付される，職責等及び当社グループの全社業績等に応じて株式等を給付する制度（以下「株式給付」という）からなります。

「株式報酬Ⅰ」では，職責等に基づき算定された株式を原則として退任時に給付し，会社や本人の業績等次第で減額や没収が可能な仕組みとしております。

「株式報酬Ⅱ」では，5ヵ年経営計画の達成状況等に応じて決定された株式を3年間に亘る繰延給付を行うとともに，会社や本人の業績等次第で繰延部分の減額や没収が可能な仕組みとしております。

「株式給付」では，職責等及び当社グループの全社業績等に応じて決定された株式の一括給付を行うとともに，会社や本人の業績等次第で減額や没収が可能な仕組みとしております。

本制度に基づく当社株式の給付については，株式給付規程に基づき，一定割合について，株式の給付に代えて，当社株式の時価相当の金銭の給付を行います。

なお，当該信託の信託財産に属する当社株式に係る議決権は，行使しないものとしております。

(2) 信託に残存する自社の株式

信託に残存する当社株式を，信託における帳簿価額（付随費用の金額を除く）により純資産の部に自己株式として計上しております。当連結会計年度末の当該自己株式の帳簿価額は5,126百万円，株式数は3,231千株（前連結会計年度末の帳簿価額は4,949百万円，株式数は3,079千株）であります。

2　財務諸表等

（1）　財務諸表 ・・

①　貸借対照表

（単位：百万円）

	前事業年度 （2022年3月31日）	当事業年度 （2023年3月31日）
資産の部		
流動資産		
現金及び預金	51,770	47,875
前払費用	3,609	3,609
1年内回収予定の関係会社長期貸付金	471,278	201,788
その他	208,359	115,341
流動資産合計	735,018	368,614
固定資産		
有形固定資産	51,168	50,002
建物（純額）	18,346	17,325
工具、器具及び備品（純額）	589	463
土地	32,125	32,125
建設仮勘定	3	6
その他（純額）	103	80
無形固定資産	6,935	11,014
商標権	0	0
ソフトウエア	3,039	1,919
その他	3,895	9,095
投資その他の資産	13,571,079	14,893,552
投資有価証券	2	2
関係会社株式	5,649,249	5,828,454
関係会社長期貸付金	7,870,088	9,010,936
長期前払費用	115	110
前払年金費用	29,162	31,594
その他	※1 22,462	※1 22,454
固定資産合計	13,629,183	14,954,569
資産合計	14,364,202	15,323,184
負債の部		
流動負債		
短期借入金	755,000	810,000
未払金	2,329	3,958
未払費用	30,985	46,479
未払法人税等	13	304
預り金	2,130	1,407
前受収益	69	97
賞与引当金	628	692
変動報酬引当金	817	958
1年内償還予定の社債	471,278	201,788
流動負債合計	1,263,252	1,065,686
固定負債		
社債	※2 7,291,088	※2 8,366,936
長期借入金	※3 180,000	※3 200,000
繰延税金負債	1,086	3,165
退職給付引当金	10,882	11,492
その他	12,438	14,770
固定負債合計	7,495,495	8,596,364
負債合計	8,758,748	9,662,050

	前事業年度 （2022年3月31日）	当事業年度 （2023年3月31日）
純資産の部		
株主資本		
資本金	2,256,767	2,256,767
資本剰余金		
資本準備金	1,196,659	1,196,659
資本剰余金合計	1,196,659	1,196,659
利益剰余金		
利益準備金	4,350	4,350
その他利益剰余金	2,154,323	2,210,397
繰越利益剰余金	2,154,323	2,210,397
利益剰余金合計	2,158,673	2,214,747
自己株式	△6,756	△7,080
株主資本合計	5,605,343	5,661,094
評価・換算差額等		
その他有価証券評価差額金	16	33
評価・換算差額等合計	16	33
新株予約権	94	5
純資産合計	5,605,454	5,661,133
負債純資産合計	14,364,202	15,323,184

② 損益計算書

(単位：百万円)

	前事業年度 (自 2021年4月1日 至 2022年3月31日)	当事業年度 (自 2022年4月1日 至 2023年3月31日)
営業収益		
関係会社受取配当金	279,822	271,955
関係会社受入手数料	41,024	44,376
営業収益合計	320,846	316,331
営業費用		
販売費及び一般管理費	※2 43,191	※2 52,887
営業費用合計	43,191	52,887
営業利益	277,654	263,444
営業外収益		
貸付金利息	133,215	177,137
その他	1,508	1,543
営業外収益合計	134,724	178,680
営業外費用		
支払利息	2,139	2,242
社債利息	124,259	167,030
社債発行費	4,053	6,449
その他	5,695	2,662
営業外費用合計	136,148	178,385
経常利益	276,230	263,739
特別利益		
関係会社株式処分益	53,005	716
特別利益合計	53,005	716
特別損失		
固定資産処分損	21	63
関係会社株式処分損	26,606	—
特別損失合計	26,627	63
税引前当期純利益	302,607	264,392
法人税、住民税及び事業税	△103,716	△3,320
法人税等調整額	806	2,071
法人税等合計	△102,910	△1,248
当期純利益	405,518	265,641

③ 株主資本等変動計算書

前事業年度（自　2021年4月1日　至　2022年3月31日）

（単位：百万円）

| | 株主資本 | | | | | | | | |
| | | 資本剰余金 | | | 利益剰余金 | | | | |
	資本金	資本準備金	その他資本剰余金	資本剰余金合計	利益準備金	その他利益剰余金 繰越利益剰余金	利益剰余金合計	自己株式	株主資本合計
当期首残高	2,256,767	1,196,659	－	1,196,659	4,350	1,945,606	1,949,956	△5,798	5,397,584
当期変動額									
剰余金の配当						△196,746	△196,746		△196,746
当期純利益						405,518	405,518		405,518
自己株式の取得								△1,927	△1,927
自己株式の処分			△54	△54				969	914
利益剰余金から資本剰余金への振替			54	54		△54	△54		－
株主資本以外の項目の当期変動額（純額）									
当期変動額合計	－	－	－	－	－	208,716	208,716	△958	207,758
当期末残高	2,256,767	1,196,659	－	1,196,659	4,350	2,154,323	2,158,673	△6,756	5,605,343

	評価・換算差額等 その他有価証券評価差額金	新株予約権	純資産合計
当期首残高	△1	134	5,397,718
当期変動額			
剰余金の配当			△196,746
当期純利益			405,518
自己株式の取得			△1,927
自己株式の処分			914
利益剰余金から資本剰余金への振替			－
株主資本以外の項目の当期変動額（純額）	17	△40	△22
当期変動額合計	17	△40	207,735
当期末残高	16	94	5,605,454

当事業年度（自　2022年4月1日　至　2023年3月31日）

（単位：百万円）

| | 株主資本 | | | | | | | | |
| | | 資本剰余金 | | | 利益剰余金 | | | | |
	資本金	資本準備金	その他資本剰余金	資本剰余金合計	利益準備金	その他利益剰余金　繰越利益剰余金	利益剰余金合計	自己株式	株主資本合計
当期首残高	2,256,767	1,196,659	－	1,196,659	4,350	2,154,323	2,158,673	△6,756	5,605,343
当期変動額									
剰余金の配当						△209,432	△209,432		△209,432
当期純利益						265,641	265,641		265,641
自己株式の取得								△1,575	△1,575
自己株式の処分			△134	△134				1,251	1,117
利益剰余金から資本剰余金への振替			134	134		△134	△134		－
株主資本以外の項目の当期変動額（純額）									
当期変動額合計	－	－	－	－	－	56,074	56,074	△323	55,751
当期末残高	2,256,767	1,196,659	－	1,196,659	4,350	2,210,397	2,214,747	△7,080	5,661,094

| | 評価・換算差額等 | 新株予約権 | 純資産合計 |
	その他有価証券評価差額金		
当期首残高	16	94	5,605,454
当期変動額			
剰余金の配当			△209,432
当期純利益			265,641
自己株式の取得			△1,575
自己株式の処分			1,117
利益剰余金から資本剰余金への振替			－
株主資本以外の項目の当期変動額（純額）	16	△88	△71
当期変動額合計	16	△88	55,679
当期末残高	33	5	5,661,133

【注記事項】
　（重要な会計方針）
1. 有価証券の評価基準及び評価方法 ……………………………………………

　有価証券の評価は，子会社株式及び関連会社株式については移動平均法による原価法，その他有価証券については時価法，ただし市場価格のない株式等については移動平均法による原価法により行っております。

　なお，その他有価証券の評価差額については，全部純資産直入法により処理しております。

2. 固定資産の減価償却の方法 ……………………………………………………
（1）　有形固定資産 ………………………………………………………………

　有形固定資産は，定率法（ただし，建物については定額法）を採用しております。

　なお，耐用年数は次のとおりであります。

　建物　　　　　：6年～50年

　器具及び備品：2年～15年

（2）　無形固定資産 ………………………………………………………………

　商標権については，定額法を採用し，10年で償却しております。

　自社利用のソフトウェアについては，社内における利用可能期間（5年）に基づく定額法により償却しております。

3. 繰延資産の処理方法 ………………………………………………………………

　社債発行費は，発生時に全額費用として処理しております。

4. 引当金の計上基準 ……………………………………………………………………
（1）　賞与引当金 …………………………………………………………………

　賞与引当金は，従業員への賞与の支払いに備えるため，従業員に対する賞与の支給見込額のうち，当事業年度に帰属する額を計上しております。

（2）　変動報酬引当金 ……………………………………………………………

　変動報酬引当金は，当社の役員及びグループ執行役員等に対する報酬のうち変

動報酬として支給する業績給及び株式報酬の支払いに備えるため，当事業年度の変動報酬に係る基準額に基づく支給見込額を計上しております。

(3) 退職給付引当金 ···

退職給付引当金は，従業員の退職給付に備えるため，当事業年度末における退職給付債務及び年金資産の見込額に基づき，必要額を計上しております。また，退職給付債務の算定にあたり，退職給付見込額を当事業年度末までの期間に帰属させる方法については給付算定式基準によっております。なお，過去勤務費用及び数理計算上の差異の費用処理方法は次の通りであります。

過去勤務費用　　：その発生事業年度に一時費用処理

数理計算上の差異：各発生年度における従業員の平均残存勤務期間内の一定
　　　　　　　　　年数（10年）による定額法に基づき按分した額をそれぞれ
　　　　　　　　　発生の翌事業年度から費用処理

5. その他財務諸表作成のための基礎となる重要な事項 ·······························

(1) 退職給付に係る会計処理 ···

退職給付に係る未認識数理計算上の差異の会計処理の方法は，連結財務諸表における会計処理の方法と異なっております。

第2章

金融業界の"今"を知ろう

企業の募集情報は手に入れた。しかし，それだけでは
まだ不十分。企業単位ではなく，業界全体を俯瞰する
視点は，面接などでもよく問われる重要ポイントだ。
この章では直近1年間の運輸業界を象徴する重大
ニュースをまとめるとともに，今後の展望について言
及している。また，章末には運輸業界における有名企
業（一部抜粋）のリストも記載してあるので，今後の就
職活動の参考にしてほしい。

▶▶おカネで動かす，日本と世界
金融 業界の動向

「金融」とは，金融取引に関わる業務に携わる業種である。銀行，
信用金庫・信用組合，証券，消費者金融，政府系の機関などがある。

❖ メガバンクの動向

　都市銀行，長期信用銀行の再編で誕生した国内メガバンクには，三菱
UFJフィナンシャル・グループ，みずほフィナンシャルグループ，三井住
友フィナンシャルグループの3グループがある。それぞれ，信託銀行や証券
会社，資産運用会社を傘下に持ち，総合金融グループを形成している。

　2016年2月，日本銀行によって導入されたマイナス金利政策によって，
銀行の収益は縮小が続いている。デジタル化の波が到来し，銀行業界は大
きな変化を迫られている。

　特に象徴的なのが店舗であり，ネットバンキングの登場で店舗の来店客
数は大幅に減少している。各社は店舗削減に踏み切り，三菱UFJは2024年
度末までに2018年に500店舗あった店舗を約300店舗までに削減，みずほ
も500拠点のうち130拠点を減らす見込みだ。三井住友は店舗数は減らさな
いが，全体の4分の3にあたる300店舗について軽量店に転換していく。

●「生産性革命」の流れは金融業界にも

　三菱UFJフィナンシャル・グループ，みずほフィナンシャルグループ，
三井住友フィナンシャルグループの2023年3月期連結決算は，純利益が3
グループ合計で前期比5％増加した。新型コロナウイルス禍からの経済回復
を受けて，国内外で貸し出しが伸びたことが原因だ。

　各メガバンクはその利益の4割前後を海外で稼いでおり，国内業務での収
益の落ち込みを海外で補っていることから，国内業務の効率化やリストラが
求められている。また，AIやフィンテックと呼ばれる金融IT技術により，
従来の銀行業務そのものも減少。とくに資金決済など，銀行が担ってきた

業務が新しい仕組みに置き換わりつつあることも背景にある。コロナの影響は和らいできているものの，米金利の高止まりによる貸し倒れ増加のリスクは燻っており，各社ともに慎重な構えを見せている。

　業界内では再編の動きも活発化している。三井住友フィナンシャルグループとりそなホールディングスは，2018年4月，傘下の関西地銀3行を経営統合。みずほフィナンシャルグループと三井住友トラスト・ホールディングスも，2018年10月にJTCホールディングスを設立。その後JTCホールディングスは日本トラスティ・サービス信託銀行，資産管理サービス信託銀行と統合，2020年に日本カストディ銀行が発足した。

　また，グループ内でも，業務効率性，ガバナンス強化を含めた機能別再編が行われている。三井住友フィナンシャルグループでは，傘下のSMBC日興証券とSMBCフレンド証券を合併。三菱UFJフィナンシャル・グループでは，2018年4月に信託銀行の法人融資業務を銀行部門へ移管，その一方で，投信運用会社は証券会社などから信託銀行傘下へシフトさせる。同じような動きは，みずほフィナンシャルグループでも起こっている。

❖ 地方銀行の動向

　全国の都道府県を基本的な営業基盤とする「地方銀行」は，社団法人地方銀行協会に加盟する62行と，前身が相互銀行で社団法人第二地方銀行協会に加盟する37行の「第二地銀」で，合わせて99行ある。

　の2023年3月期決算における地銀100行のコア業務純益は1兆6818億円と昨年に比べて約10％増加したが，有価証券の含み損の処理で債券関係損益が6385億円の損失。結果，純利益は8776億円と約2.7％の微増となった。

　さらに，地方では地元工場の海外移転，少子高齢化に伴う人口減少が進む地域も多く，銀行間の競争も激化している。加えて，金融庁は，地銀に対して，不動産などの担保や保証を元に機械的に貸し出しの可否を判断するのではなく，企業の事業内容や将来性を踏まえた「事業性評価」に基づいて融資する「顧客本位の業務運営（フィデューシャリー・デューティー）」を求めており，地方創生における地銀の力に期待もしている。収益環境の改善を図りつつ，地域経済の活性化に寄与する，この期待にどのように応えていくか，地銀の知恵が問われている。

●経営効率の改善を目指した統合，グループ化と抱える課題

　金融庁は地方の金融システムを維持するため，再編や統合を含めた経営改善を求めており，地銀も収益環境の改善に向け，都道府県をまたいだ広域での連携，グループ化を模索，地銀同士の再編や連携の動きが加速している。

　2018年5月には，東京TYフィナンシャルグループと新銀行東京が合併し，きらぼし銀行に，2019年4月にはふくおかフィナンシャルグループと十八銀行の経営統合がなされた。2020年10月にも長崎県の十八銀行と親和銀行が合併し十八親和銀行となった。2021年も1月に新潟県の第四銀行と北越銀行が合併し第四北越銀行に，5月に三重県の第三銀行と三重銀行が合併し三十三銀行となった。22年4月にも青森銀行とみちのく銀行が経営統合。さらに10月には愛知銀行と中京銀行も経営統合を行った。23年6月には八十二銀行と長野銀行が経営統合，横浜銀行も神奈川銀行を完全子会社化した。さらに10月にはふくおかフィナンシャルグループが福岡中央銀行を完全子会社化した。

　再編の動きは今後も続いていく見込みだ。一時は県内シェアの高まりから公正取引委員会が統合に難色を示していたが，政府が独占禁止法の除外を認める特例法を定めたことで後押しする形となった。

❖ 信用金庫・信用組合の動向

　信用金庫・信用組合は，出資者である会員，組合員から預金を集め，中小の事業主や個人に融資を行う。営業エリアが限定されており，出資者の相互扶助を目的とする非営利団体で，全国に信用金庫が254，信用組合が143ある。

　非営利団体とはいえ金融機関である以上，健全な経営が必須となる。信用金庫全体の預貸率（預金に対する貸出金の比率）は，2014年4月以降，5割を下回る状況が続き，2017年3月，3年ぶりに5割を回復したが，引き続き収益環境は厳しい状況にある。そのため，地銀やメガバンク同様，再編の動きが活発化している。北海道では，2017年1月に江差信金と函館信金が合併した。2018年1月には札幌信金と北海信金，小樽信金が合併して，北海道信金が発足。預金額は1兆円を超えた。また，同時期，宮崎でも，

宮崎信金と都城信金が合併し，宮崎都城信金が発足した。岡山県の備前信金と日生信金も2020年2月に統合し備前日生信用金庫となった。2020年9月にも北陸信用金庫と鶴来信用金庫が合併し，はくさん信用金庫となった。

地域と密接に結びつく信金・信組にとって地方創生は死活問題であり，地元の中小企業やベンチャー企業の支援に力を入れているところも増えている。地域経済活性化支援機構（REVIC）と組んでファンドを設立したり，企業の課題を解決するライフステージ別サポートプログラムの提供，インバウンド需要の取り込みに係る支援，また，農林水産業の6次産業化支援など，新しい試みを実施している。

❖ 証券会社の動向

証券会社には，野村ホールディングス，大和証券ホールディングスといった独立系大手と，三大メガバンク系列，中堅各社，ネット系といったグループがある。主な収入源は，個人向けでは，顧客が株式売買で負担する手数料や投資信託の販売に係る手数料などが，法人向けでは増資や社債発行時の手数料，M&Aのアドバイス料などとなる。

投資信託では，投資家から資金を預かり，投資判断，売買，コンサルティングなどを包括的に行う「ラップ口座」や，積み立て投資信託など，相場動向に左右されず，資産残高に応じて収入が得られる資産管理型ビジネスを強化している。メガバンク系列では，銀行と連携し，その顧客を取り込むなど，資産残高を増すために知恵を絞っている。

●大型M&Aにおいて，フィナンシャル・アドバイザーに

メガバンク系の証券会社は，海外企業がからむM&A（合併・買収）にかかわる業務も増えている。みずほ証券は，ソフトバンクグループが3兆3000億円で英国の半導体企業アームを買収する際，財務アドバイザーを担当する1社となった。三菱UFJモルガン・スタンレー証券も，コマツによる米ジョイ・グローバル社の買収やキヤノンによる東芝メディカルシステムズの買収など，大型M&Aにおいてフィナンシャル・アドバイザーを努めている。

また銀行と同じく，証券会社でも業界再編の動きが目立つ。2017年3月には，東海東京フィナンシャル・ホールディングスが，大阪の高木証券を完全子会社化したほか，地方銀行と合弁で各地に証券会社を設立する計画

を進めている。2018年1月には，三井住友フィナンシャルグループが，傘下のSMBC日興証券とSMBCフレンド証券を合併。7月には中堅の藍澤証券が，日本アジア証券を買収・合併した。

❖ 流通系・ネット銀行の動向

　リアルな店舗を持たずに，インターネット上で営業するネット銀行は，自由な取引時間や手数料の安さのほか，ネットやカードに関連したサービスに対する強みを活かして，若年層を中心に利用者を増やしている。コロナ禍で若年層の投資家が増え，口座連結するネット証券での金融商品の決算用に使う利用者が増えていることが要因のひとつと考えられる。

●フィンテック革命で進む，API接続

　ネット銀行においては，世界規模で進むフィンテック革命が，追い風となることは間違いない。フィンテックは，金融（Finance）と技術（Technology）を組み合わせた米国発の造語で，スマートフォンを使った決済や資産運用，ビッグデータ，人工知能（AI）などを活用した金融サービスのことを指す。

　運用においては，銀行システムを外部のサービスと接続するための「API」（アプリケーション・プログラミング・インターフェース）がポイントとなる。金融機関ではこれまで，セキュリティ，正確なデータの保存などの観点から，外部のソフトウエアとのデータ連携には積極的ではなかった。しかし，効率的に顧客の多様なニーズに応える新たなサービスを提供するには，外部との連携が不可欠であり，自行のAPIを公開する「オープンAPI」の動きも高まっている。住信SBIネット銀行は2016年，銀行システムを外部のサービスと接続するためのAPIを日本で初めて公開した。ジャパンネット銀行もまた，同様の取り組みを積極的に進めている。このように，最新のIT技術を駆使して，金融業界のあり方を「安く，早く，便利に」変えていこうとする動きが活性化している。

❖ ネット証券会社の動向

　現在，個人の株式投資のうち，実に8割がネットを通じた取引といわれている。ネット証券では，SBI証券と楽天証券が2強で，ネット取引の安さと自由さを武器にリテールでシェアを拡大してきた。2024年からは新NISAが開始されるなど，業界への注目度は高まっている。

　順調に成長してきたネット証券業界だが，楽観視できない状況もある。業界では取引手数料の引き下げ競争が激化。SBI証券は2023年度に手数料の無料化に踏み込んだ。収益モデルの変更に回らざるをえない会社にとっては苦境が続くとみられる。

●FTX破綻の影響大きく　復活の途上

　ネット上でやり取りする暗号資産。2009年に登場したビットコイン以降，その種類は増え続けており，暗号資産を投機目的で保有している人は珍しい存在ではなくなった。

　2020年には120兆円にせまる国内取引額だったが，2022年の世界大手の交換所，FTXの経営破綻。さらにはFTXの創業者が詐欺罪で有罪判決をうけるなど，暗号資産への信頼が劇的に下がった。2022年度の取引額は約25兆円と前年比で6割減。相場が一変した影響が大きくあらわれた。

　しかし価格は底打ちし，国内交換所の業績は好転。メルカリ子会社のメルコインなどはサービス開始から3カ月で50万人が口座を解説するなど明るい材料も多い。

金融業界

直近の業界各社の関連ニュースを
ななめ読みしておこう。

福井銀行、福邦銀行を合併へ　まず24年に完全子会社化

福井銀行は10日、子会社の福邦銀行（福井市）を合併する方針を発表した。2024年までに株式交換を完了させ、26年には2行体制となっている福井銀行と福邦銀行の合併を目指す。統合でシステムや人材配置の最適化を行い、グループ化している2行のシナジー（相乗効果）の最大化を目指す。

両行は10日、福邦銀行の完全子会社化に向けた基本合意書を締結した。24年6月の株主総会で承認されれば同年10月に完全子会社化を完了する。26年には両行を合併して単一ブランドにする方針も明らかにした。合併後の名称については未定としている。

福井銀行は21年、福邦銀行の第三者割当増資を引き受ける形で同行を連結子会社化していた。2行体制のもと人材交流などを進めたが、合併でさらに人材配置を効率化する。福井銀行の長谷川英一頭取は記者会見で「人材の融和は進んでいる。合併によってグループのシナジーを最大化する」と説明した。

10日に発表した23年4～9月期の連結決算では、純利益が前年同期比11%減の17億円だった。野村証券との事業提携にともなう先行投資の費用や外貨の調達コストの増加などを計上し、福井銀行単体の投信解約損益をのぞいたコア業務純益が前年同期比31%減の20億円だった。

（2023年11月10日　日本経済新聞）

住宅ローン、ネット銀行が主役　低金利競争で3メガ苦戦

住宅ローンの担い手が大手銀行からネット銀行に移っている。3メガバンクグループの有価証券報告書によると、2023年3月末時点の貸出残高の合計は33.4兆円と10年間で約10兆円減少した。代わりに台頭しているのがネット

銀行で、店舗に依存しない低コスト経営を武器に激しさを増す低金利競争を
リードしている。

ネット銀行の中でも勢いがあるのが、3月末に上場した住信SBIネット銀行だ。
22年度の住宅ローン新規実行額は1.4兆円で、それぞれ1兆円以下の3メガ
バンクを大幅に上回った。人工知能（AI）を駆使することで審査にかかる費用
を抑えている。

実際、同行の変動型の新規貸出金利は0.32%と、3メガバンクで最も低い三
菱UFJ銀行の0.345%を下回る。借り換えの場合は0.299%まで下がる。貸
出残高も3月末時点で5.3兆円とみずほ銀行の7.5兆円に近づいている。

auじぶん銀行は22年3月から23年6月の1年3カ月の新規実行額が1兆円
程度に増えた。同行はKDDIの通信サービスと電気を契約すれば、変動型金利
が新規で0.219%、借り換えで0.198%まで下がる。PayPay銀行も新規の
借入金利を0.319%、借り換えを0.29%に下げるキャンペーンを始めた。

ネット銀行の攻勢を受け、メガバンクは戦略の再構築を余儀なくされている。
「住宅ローンはコモディティー化しており、今後は脱力していく」。みずほフィ
ナンシャルグループの木原正裕社長は、5月の新中期経営計画の説明会で住宅
ローンの拡大路線を転換すると述べた。22年度の新規実行額は4300億円と
前の年度比で14%減り、22〜25年度は残高を数兆円規模で削減する。

三菱UFJ銀行は22年度の新規実行額が7000億円強と前の年度比で1割減っ
た。契約時に指定した期間がたつとローンの残高と同額で住宅を売却できる「残
価設定型住宅ローン」の取り扱いを3月から始めるなど商品内容で工夫を凝らす。

三井住友銀行も店舗削減やデジタル化にカジを切り、残高が減少する時期が続
いた。ただ、コスト削減が一巡したこともあり、22年度の新規実行額は
9857億円と3年連続で増加。個人向け総合金融サービス「Olive（オリーブ）」
で住宅ローン契約者にポイントを上乗せするなど反転攻勢をかけている。

ほかの大手銀行も試行錯誤を繰り返している。りそなホールディングスは住宅
ローンの残高を26年3月末までに1兆円増やす目標を掲げた。断熱性能の高
い低炭素住宅を金利優遇の対象に加えるなど環境配慮型に特化する。三井住
友信託銀行はローン契約者の自筆証書遺言を無料で預かるなど信託の強みを生
かす。

変動型金利の引き下げ競争は終わりが見えない。モゲチェックによれば、7月
のネット銀行の変動型金利の平均は0.386%と過去最低を更新した。auじぶ
ん銀行や住信SBIネット銀行は、グループ内の生命保険会社と連携して団体信
用生命保険（団信）の拡充に動くなどさらなる差別化に動いている。

住宅ローンは競争激化による利ざやの縮小で、メガバンクにとってもうからない商品になりつつある。それでも資産運用や保険といった顧客との継続的な取引の起点になることを考えれば、撤退するわけにもいかない。メガバンクは正念場を迎えている。

（2023年7月10日　日本経済新聞）

３メガ銀、新卒採用８年ぶり増　三井住友は専門コース３倍

メガバンクが8年ぶりに新卒採用を増やす。3メガの2024年入行の採用計画は合計で約1200人強と23年比で1割増える。三井住友銀行はデータ分析などの専門コースの採用を3倍超にする。支店の統廃合などを背景に新卒採用を減らしてきたが、デジタル人材を中心に採用増にかじを切る。新事業の創出やリスク管理の強化に加え、大量採用世代の退職を見据えて人員を補強する側面もある。

3メガの採用数は直近ピークの16年卒で5000人を超えたが、その後は右肩下がりで23年卒は約1070人まで減った。ネットバンキングの普及や店舗統廃合により、新卒を大量採用して全国に配置する必要性が薄れたためだ。24年入行は一転して三井住友銀行と、傘下の銀行や信託銀行などをまとめて採用するみずほフィナンシャルグループ（FG）が人数を増やす。

三井住友銀行の24年入行は、23年比で3割増の465人を計画する。リスクアナリストやデータサイエンス、サイバーセキュリティーの3つのコースを新設した。専門コースの採用数は40人前後を目標とし、23年比で3倍超にする。三井住友の菅家哲朗・人事部採用グループ長は「専門に勉強した人や長期インターンをしていた人など即戦力となる人材を専門コースで集めたい」と話す。

みずほFGは銀行と信託銀行に、IT（情報技術）システムのコースと事務効率化を企画するコースを新たに設けた。学生の希望に沿ってキャリアを決めたうえで採る「オーダーメード型」も新設。キャリアを特定する採用は23年比6割増の210人を計画し、全体では500人と3割増える見通し。

りそな銀行と埼玉りそな銀行も計545人と4割増やす。三菱UFJ銀行は全体の採用数は減るが、グローバルやデジタル、財務会計など専門コースの採用数は23年比5割増の100人程度を目指す。

（2023年4月6日　日本経済新聞）

３メガ銀、合併後最大の賃上げへ　三井住友はベア2.5%

３メガバンクが2023年度に、基本給を底上げするベースアップ（ベア）をそろって実施する。３行が同時にベアに踏み切るのは８年ぶり。三井住友銀行は29日に2.5%のベアを決め、従業員組合の要求に満額回答した。足元の物価上昇に加えて他業種との人材争奪も激しくなるなか、３メガ銀は2000年代の合併で誕生してから最大の賃上げに踏み切る。

三井住友銀行とみずほ銀行は合併後で最大となる2.5%のベアに踏み切る。三菱UFJ銀行は上げ幅を非公表としているが、賞与を含む総支払額の引き上げを合併後最大となる2.7%実施する方針だ。

りそな銀行と埼玉りそな銀行は、このほどベアと定期昇給を合わせて約5%の賃上げ実施を組合に回答した。非正規を含む全社員が対象となる。

ベアだけでなく、研修や手当を組み合わせて従業員への還元も増やす。三井住友銀行は定昇や賞与、教育・研修などの人的資本投資で実質7%の賃上げにあたる待遇改善を実施。みずほ銀行も同様の施策で6%の待遇改善をする。三菱UFJ銀行は昇格・登用、支援金などを合わせて実質的に平均7%超の賃上げをする。

（2023年３月29日　日本経済新聞）

横浜銀行「県内顧客基盤広げる」　神奈川銀行と経営統合

コンコルディア・フィナンシャルグループ（FG）傘下の横浜銀行と神奈川銀行は３日、経営統合することで合意した。合併はせず神奈川銀行を横浜銀行の完全子会社とすることを目指す。横浜銀は県内の中堅企業以上を、神奈川銀が中小零細企業を担い、県内の顧客基盤のさらなる強化を図る。関東で初めての「一県一グループ」体制となる。

横浜銀の片岡達也頭取は３日の記者会見で「神奈川県内の顧客基盤を拡大し対面営業を強化する。資本や人材など経営資源を集約し、経営基盤の強化をはかる」と経営統合の意図を説明した。神奈川銀の近藤和明頭取は「グループ内の資金融通などで積極的な融資に踏み切れるようになる」と期待をにじませた。

神奈川銀は1953年神奈川相互銀行として設立され、89年に普通銀行に転換した第二地方銀行だ。2022年３月時点で34ある本支店は全て県内にあり、

名実ともに神奈川県を地盤としている。

横浜銀は7.76％（22年3月末）を出資する大株主で、これまでも神奈川銀との連携を深めてきた。相互ATMの手数料優遇や、SDGs（持続可能な開発目標）関連の融資商品のノウハウの提供など個々の業務での提携を進めていた。横浜銀の出身者が神奈川銀の経営陣に派遣されることも多く、近年では横浜銀出身者が頭取に就任することが続いていた。

（2023年2月3日　日本経済新聞）

ネット証券が戦略転換、富裕層も　マネックスは専業会社

インターネット証券があまり力を入れてこなかった富裕層ビジネスを強化する。マネックスグループは専業会社を立ち上げた。SBIホールディングスは銀行との共同店舗を軸に顧客を開拓する。営業拠点や担当者を置き、リアルで顧客を増やす。株式売買などの手数料を下げてネットで個人投資家を取り込む戦略には限界が見えており、収益の多角化を急ぐ。

SBIや楽天証券は口座数で野村証券を上回る規模に成長し、足元でも口座開設の伸びは高水準だが、新規客は投資信託の積み立てなど少額の利用者であることが多い。顧客は増えても利益にはつながりにくい。そこで多額の預かり資産を見込める富裕層にも照準を合わせる。

保有する金融資産がおおむね1億円を超える日本の富裕層人口は世界で2番目に多く、資産額は10年間で7割増えた。成長市場とみて経営資源を割り振る。後発のネット証券がシェアを取るのは容易ではない。

マネックスは21年に富裕層向けの事業を始め、22年10月にマネックスPBとして分社化した。商品やシステムはグループの共通基盤を活用して富裕層営業に特化する。22年11月に東京に次ぐ2カ所目の拠点を名古屋市に開いた。担当者も増やして営業を強化する。

地域金融機関との提携で事業を伸ばす。地方にいる中小企業経営者や不動産オーナーなどの資産家に対して、地域金融機関は資産運用や事業承継の需要をとらえきれていない。マネックスPBの足立哲社長は「大阪や福岡にも拠点をつくって全国をカバーする体制を整えたい」と話す。

SBIは銀行との共同店舗「SBIマネープラザ」を軸に富裕層を開拓する。2月にSBI新生銀行との共同店舗を東京・銀座に開く。東和銀行や清水銀行など出資先との共同店舗も全国に展開してきた。新規株式公開（IPO）支援などを通し

て取引する企業オーナーらの資産運用ニーズを取り込んでいく。

楽天証券は富裕層向けの営業部隊を自社に持たない。提携する約120の金融商品仲介業者を通して富裕層向けに運用をプロに任せる商品などを提供する。仲介業者を経由した預かり資産残高は1兆円を超えた。

ネット証券が実店舗を運営すればコストがかかる。ネット証券は金融商品の幅広いラインアップを強みにする一方、富裕層向けサービスのノウハウは大手金融機関に比べ見劣りする。経験者を中途採用するなどして体制の整備を急ぐ。

（2023年1月25日　日本経済新聞）

八十二銀と長野銀が統合合意、システムは八十二銀に

八十二銀行と長野銀行は20日、経営統合で最終合意したと発表した。今後、長野銀株1株に八十二銀株2.54株を割り当てる株式交換を実施。6月1日付で八十二銀が長野銀を完全子会社にした後で早期に合併する。長引く低金利や高齢化の加速など地域金融機関の稼ぐ力が衰えるなか、経営基盤をより強固にして生き残りを目指す。

両行が同日開いた取締役会で統合を決議した。東洋大学国際学部の野崎浩成教授は、直近の株価などをもとに決められた株式交換比率について「市場の評価と整合しており妥当な結果と考えられる」とした。長野銀が3月24日に開催予定の臨時株主総会で承認を受けたうえで実施する。長野銀は5月30日付で上場廃止となる。

完全子会社化後の早い段階で両行は合併する計画。22年9月末の統合方針発表時には合併時期を「約2年後をメド」としていたが、八十二銀の松下正樹頭取は20日の会見で「より早く統合効果を出すためにもできるだけ早期に合併したい」と話した。

合併で重要な基幹システムについては現在、八十二銀が日本IBM、長野銀はNTTデータのシステムを活用している。松下頭取は「八十二銀には関連会社を含めて300人のシステム要員がおり、八十二銀のシステムを基本にしていく」と説明した。

（2023年1月20日　日本経済新聞）

現職者・退職者が語る 金融業界の口コミ

※編集部に寄せられた情報を基に作成

▶労働環境

職種：法人営業　　年齢・性別：20代後半・男性

・実績をあげていれば有給取得や定時帰り等はスムーズにできます。案件が立て込むときと，閑散期とで残業時間は大きく変わります。
・年間を通した進行が見通せれば，自分の予定を立てやすいです。
・休日出勤は案件によっては必要になる場合もあります。

職種：個人営業　　年齢・性別：30代後半・女性

・総合職として入社すると3カ月間に渡る新入社員研修があります。
・FPや証券アナリスト講座などを受ける機会が定期的にあります。
・業務は多忙ですが，資格を取得しておけばその後の人生に有利かと。
・語学に自信があれば社内選考に挑戦し海外赴任という道もあります。

職種：外商　　年齢・性別：20代前半・男性

・仕事は全てトップダウンで決められていきます。
・経営陣からブロック長，支店長と上から目標が与えられてきます。
・コンプライアンスに関して厳しく，手続等細かく決められています。
　自分で工夫を行う余地は少なく，体育会系気質の会社と言えます。

職種：経営幹部　　年齢・性別：30代前半・男性

・大企業なだけあって休暇日数は多め，有給休暇も取りやすいです。
　連続休暇制度も整っており，毎年旅行に行く社員も多いみたいです。
　支店であれば20時までには帰られ，土日出勤もほぼありません。
・業務量は非常に多いので，退社時間は個人の実力次第となります。

▶福利厚生

職種：個人営業　　年齢・性別：20代後半・男性

・日本や海外にも保養所があるなど，福利厚生は充実しています。
・年に2回のリフレッシュ休暇（土日を含めて9連休）があります。
・資格取得のための費用は全て会社が持ってくれます。
・転勤が多いため，家賃はほぼ全額会社が負担してくれます。

職種：投資銀行業務　　年齢・性別：20代後半・男性

・2カ月に1回有給休暇が取れるスポット休暇という制度があります。
・住宅補助については独身寮と，借り上げ社宅制度があります。
・独身寮は安くていいのですが，プライベートは全くないと言えます。
・労働時間については，1日あたり12時間程度はあります。

職種：個人営業　　年齢・性別：20代後半・男性

・福利厚生はとても充実していると思います。
・土日を合わせて9連休が1回，5連休が1回，毎年必ず取れます。
・年間5回まで取れる，1日スポットの休暇もあります。
・住宅補助は職階にもよりますが，最低でも家賃の3分の2が出ます。

職種：個人営業　　年齢・性別：20代後半・女性

・財形貯蓄や出産育児支援等，福利厚生はしっかりしています。
・有給休暇は初年度より20日間付与されるため，休みは多いです。
・有給休暇以外に連続5日間（土日含めて9日間）の休暇も取れます。
・食事補助もあるので，食堂があれば一食300円以下で食べられます。

▶仕事のやりがい

職種：経営幹部　　年齢・性別：30代前半・男性

・日本経済の原動力となっている中小企業を顧客としていることです。
・経営者の想いや事業にかける情熱に触れられるのは貴重な経験です。
・信頼関係を基に，企業の根幹を支える必要資金の供給を行います。
・事業成長のためのソリューションを提供できたときは感慨一入です。

職種：法人営業　　年齢・性別：20代後半・男性

・ホールセール営業の規模も大きくとてもやりがいがあります。
・やる気と仕事効率がよければ上司も期待値を込め評価してくれます。
・人間関係はめぐり合わせと思えれば，楽しい環境に感じられるはず。
・同期入社と比べられることも多いですが，仲間の存在は心強いです。

職種：個人営業　　年齢・性別：20代後半・男性

・扱う金額が大きいのでかなり刺激的な仕事だと思います。
・なかなか出会えないような経営者や高額納税者と仕事ができます。
・信頼を勝ち取って取引につながったときのやりがいは大きいです。他の業界ではあまり経験できないことだと思います。

職種：個人営業　　年齢・性別：20代後半・男性

・評価制度が透明で，ワークライフバランスも適度に調整できます。
・社員の雰囲気も良く，社内の風通しが非常に良いです。
・繁忙期に数字を達成した時には，非常にやりがいを感じます。
・社会貢献度も高く，前向きに仕事ができる環境だと思います。

▶ブラック？ホワイト？

職種：営業　　年齢・性別：30代後半・男性

・出世は，大卒で就職したプロパーが最優先です。
・中途採用者は全体の2％程度で，専門職の穴埋めという位置です。
・人事を決める役員・部長クラスには中途採用者はほぼいません。
・管理職になれなくても，給与はそれほど悪くはありません。

職種：法人営業　　年齢・性別：20代後半・男性

・昭和的な企業文化が色濃く残っており，出る杭は打たれやすいです。
・結果が出せれば，希望する職種・仕事への挑戦も認められます。
・法人営業で数字が出せない場合，体育会系の詰めがある場合も。
・逆境に耐えられるメンタルの強さが必要だと思います。

職種：個人営業　　年齢・性別：20代後半・女性

・営業職でがんばっていこうと思っている人にはいい会社です。
・成果は厳しく，イエスマンでなければ出世は望めないようです。
・営業職は給与に男女差はないので女性も働きやすいです。
・事務方は気配り根回し上手でないと出世はかなり狭き門のようです。

職種：営業　　年齢・性別：30代前半・男性

・社風は体育会系で，先輩の命令は絶対，縦の規律が厳しいです。
・営業数字，すなわち結果がすべてで，過程は評価されません。
・優先順位は，会社のため＞自分自身のため＞お客のためが鉄則です。
・社内のイベントは参加必須で，不参加なんてありえません。

▶女性の働きやすさ

職種：事務管理　　年齢・性別：20代後半・女性

- 出産育児休暇，時短勤務については制度が整っていると思います。
- なかには計画的に取得し，2年程産休育休を取っている人もいます。
- 出産後のキャリアについては，昇進とは縁遠くなる印象があります。
- 子供がいる女性の管理職もいますが，昇進スピードは遅いです。

職種：法人営業　　年齢・性別：30代後半・男性

- 女性総合職の大半は結婚や親の介護を理由に辞めてしまいます。
- 女性総合職は本店や海外，大きな店舗に行く傾向が高いようです。
- 今は女性支社長も誕生し，大きな仕事を任される人も増えています。
- 女性総合職自体が少ないので，管理職はいまだ少数です。

職種：個人営業　　年齢・性別：20代後半・女性

- 女性が多い職場だけに，産休育休制度は整っています。
- 法定の産休のほか，育児休暇は2歳まで，男女とも取得可能です。
- 職場復帰後は子供が小学3年生になるまで時短勤務を利用できます。
- 一般職の女性の多くは，2年間の育児休暇を取得しているようです。

職種：貿易，国際業務　　年齢・性別：20代後半・女性

- 女性役職者は年々増え，女性であってもキャリアアップが狙えます。
- 産休制度や育休制度，時短制度など福利厚生面も充実しています。
- 一般職だと時短も取りやすく，出産後も働き続けやすいと思います。
- 総合職だと顧客都合などでワークライフバランスは正直望めません。

▶今後の展望

職種：営業　　年齢・性別：20代後半・男性

- ・ファイナンス分野における専門知識に乏しい人が多く先行きが不安。
- ・各社員がスキルアップできる人事改革が必要だと思います。
- ・2，3年ごとに全く異なる部門へ異動する制度の弊害だと思います。
- ・会社の発展には組織体制の改革が必要だと思います。

職種：法人営業　　年齢・性別：20代後半・男性

- ・外資保険業界との金融商品の開発と共存が課題となります。
- ・一般顧客への金融商品の勧誘と信託部門との連携の強化も必要に。
- ・各社共，信託部門の拡大と顧客の勧誘には力を入れているようです。
- ・今後の業界の方向性としては信託部門の拡大が主になると思います。

職種：法人営業　　年齢・性別：20代後半・男性

- ・圧倒的なネットワークにより，海外進出は収益の柱となるでしょう。
- ・ただ，大組織故の意思決定の遅さは，営業には致命的なハンデかと。
- ・海外事業という他のメガバンクを圧倒できる強みは非常に貴重です。
- ・今後はアジアへの進出をより強化していくようです。

職種：法人営業　　年齢・性別：50代後半・男性

- ・地元では抜群の知名度と安定感がありますが，競争は厳しいです。
- ・地銀らしくアットホームな感じですが，成果は常に求められます。
- ・近年では投資信託等，手数料ビジネスが中心となってきています。
- ・最近では，アジアを中心とした海外展開にも力を入れています。

金融業界　国内企業リスト（一部抜粋）

区別	会社名	本社住所
銀行業	島根銀行	島根県松江市東本町二丁目 35 番地
	じもとホールディングス	仙台市青葉区一番町二丁目 1 番 1 号 仙台銀行ビル 9 階
	新生銀行	東京都中央区日本橋室町 2-4-3 日本橋室町野村ビル
	あおぞら銀行	東京都千代田区九段南 1-3-1
	三菱 UFJ フィナンシャル・グループ	東京都千代田区丸の内二丁目 7 番 1 号
	りそなホールディングス	東京都江東区木場 1 丁目 5 番 65 号 深川ギャザリア W2 棟
	三井住友 トラスト・ホールディングス	東京都千代田区丸の内 1-4-1
	三井住友 フィナンシャルグループ	東京都千代田区丸の内一丁目 1 番 2 号
	第四銀行	新潟市中央区東堀前通七番町 1071 番地 1
	北越銀行	新潟県長岡市大手通二丁目 2 番地 14
	西日本シティ銀行	福岡市博多区博多駅前三丁目 1 番 1 号
	千葉銀行	千葉県千葉市中央区千葉港 1-2
	横浜銀行	神奈川県横浜市西区みなとみらい 3 丁目 1 番 1 号
	常陽銀行	茨城県水戸市南町 2 丁目 5 番 5 号
	群馬銀行	群馬県前橋市元総社町 194 番地
	武蔵野銀行	さいたま市大宮区桜木町一丁目 10 番地 8
	千葉興業銀行	千葉県千葉市美浜区幸町 2 丁目 1 番 2 号
	筑波銀行	茨城県土浦市中央二丁目 11 番 7 号
	東京都民銀行	東京都港区六本木 2 丁目 3 番 11 号七十七銀行
	青森銀行	青森市橋本一丁目 9 番 30 号
	秋田銀行	秋田県秋田市山王三丁目 2 番 1 号
	山形銀行	山形市七日町三丁目 1 番 2 号
	岩手銀行	盛岡市中央通一丁目 2 番 3 号
	東邦銀行	福島市大町 3-25
	東北銀行	盛岡市内丸 3 番 1 号

区別	会社名	本社住所
銀行業	みちのく銀行	青森市勝田一丁目 3 番 1 号
	ふくおか フィナンシャルグループ	福岡県福岡市中央区大手門一丁目 8 番 3 号
	静岡銀行	静岡県静岡市葵区呉服町 1 丁目 10 番地
	十六銀行	岐阜県岐阜市神田町 8 丁目 26
	スルガ銀行	静岡県沼津市通横町 23 番地
	八十二銀行	長野市大字中御所字岡田 178 番地 8
	山梨中央銀行	甲府市丸の内一丁目 20 番 8 号
	大垣共立銀行	岐阜県大垣市郭町 3 丁目 98 番地
	福井銀行	福井県福井市順化 1 丁目 1 番 1 号
	北國銀行	石川県金沢市下堤町 1 番地
	清水銀行	静岡県静岡市清水区富士見町 2 番 1 号
	滋賀銀行	滋賀県大津市浜町 1 番 38 号
	南都銀行	奈良市橋本町 16 番地
	百五銀行	三重県津市岩田 21 番 27 号
	京都銀行	京都市下京区烏丸通松原上る薬師前町 700 番地
	紀陽銀行	和歌山市本町 1 丁目 35 番地
	三重銀行	三重県四日市市西新地 7 番 8 号
	ほくほく フィナンシャルグループ	富山県富山市堤町通り 1 丁目 2 番 26 号
	広島銀行	広島市中区紙屋町 1 丁目 3 番 8 号
	山陰合同銀行	島根県松江市魚町 10 番地
	中国銀行	岡山市北区丸の内 1 丁目 15 番 20 号
	鳥取銀行	鳥取県鳥取市永楽温泉町 171 番地
	伊予銀行	松山市南堀端町 1 番地
	百十四銀行	香川県高松市亀井町 5 番地の 1
	四国銀行	高知市南はりまや町一丁目 1 番 1 号
	阿波銀行	徳島市西船場町二丁目 24 番地の 1
	鹿児島銀行	鹿児島市金生町 6 番 6 号
	大分銀行	大分市府内町 3 丁目 4 番 1 号

区別	会社名	本社住所
銀行業	宮崎銀行	宮崎県宮崎市橘通東四丁目3番5号
	肥後銀行	熊本市中央区紺屋町1丁目13番地5
	佐賀銀行	佐賀市唐人二丁目7番20号
	十八銀行	長崎市銅座町1番11号
	沖縄銀行	那覇市久茂地3－10－1
	琉球銀行	沖縄県那覇市久茂地1丁目11番1号
	八千代銀行	新宿区新宿5-9-2
	セブン銀行	東京都千代田区丸の内1-6-1
	みずほフィナンシャルグループ	東京都千代田区丸の内2丁目5番1号 丸の内二丁目ビル
	山口フィナンシャルグループ	山口県下関市竹崎町4丁目2番36号
	長野銀行	松本市渚2丁目9番38号
	名古屋銀行	名古屋市中区錦三丁目19番17号
	北洋銀行	札幌市中央区大通西3丁目7番地
	愛知銀行	愛知県名古屋市中区栄3-14-12
	第三銀行	三重県松阪市京町510番地
	中京銀行	名古屋市中区栄三丁目33番13号
	東日本銀行	東京都中央区日本橋3-11-2
	大光銀行	長岡市大手通一丁目5番地6
	愛媛銀行	愛媛県松山市勝山町2-1
	トマト銀行	岡山市北区番町2丁目3番4号
	みなと銀行	神戸市中央区三宮町2丁目1番1号
	京葉銀行	千葉県千葉市中央区富士見1-11-11
	関西アーバン銀行	大阪府大阪市中央区西心斎橋1丁目2番4号
	栃木銀行	栃木県宇都宮市西2-1-18
	北日本銀行	岩手県盛岡市中央通一丁目6番7号
	東和銀行	群馬県前橋市本町二丁目12番6号
	福島銀行	福島県福島市万世町2-5
	大東銀行	福島県郡山市中町19番1号
	トモニホールディングス	香川県高松市亀井町7番地1

区別	会社名	本社住所
銀行業	フィデアホールディングス	宮城県仙台市青葉区中央三丁目 1 番 24 号
銀行業	池田泉州ホールディングス	大阪府大阪市北区茶屋町 18 番 14 号
証券・商品先物取引業	FPG	東京都千代田区丸の内 2 丁目 3 番 2 号 郵船ビル 7F
証券・商品先物取引業	SBI ホールディングス	東京都港区六本木一丁目 6 番 1 号
証券・商品先物取引業	日本アジア投資	東京都千代田区神田錦町三丁目 11 番地 精興竹橋共同ビル
証券・商品先物取引業	ジャフコ	東京都千代田区大手町 1-5-1 大手町ファーストスクエア　ウエストタワー 11 階
証券・商品先物取引業	大和証券グループ本社	東京都千代田区丸の内一丁目 9 番 1 号 グラントウキョウ　ノースタワー
証券・商品先物取引業	野村ホールディングス	東京都中央区日本橋 1-9-1
証券・商品先物取引業	岡三証券グループ	東京都中央区日本橋一丁目 17 番 6 号
証券・商品先物取引業	丸三証券	東京都千代田区麹町三丁目 3 番 6
証券・商品先物取引業	東洋証券	東京都中央区八丁堀 4-7-1
証券・商品先物取引業	東海東京フィナンシャル・ホールディングス	東京都中央区日本橋三丁目 6 番 2 号
証券・商品先物取引業	光世証券	大阪市中央区北浜二丁目 1 − 10
証券・商品先物取引業	水戸証券	東京都中央区日本橋二丁目 3 番 10 号
証券・商品先物取引業	いちよし証券	東京都中央区八丁堀二丁目 14 番 1 号
証券・商品先物取引業	松井証券	東京都千代田区麹町一丁目 4 番地
証券・商品先物取引業	だいこう証券ビジネス	東京都中央区日本橋兜町 13 番 1 号
証券・商品先物取引業	マネックスグループ	東京都千代田区麹町二丁目 4 番地 1 麹町大通りビル 13 階
証券・商品先物取引業	カブドットコム証券	東京都千代田区大手町 1-3-2　経団連会館 6F
証券・商品先物取引業	極東証券	東京都中央区日本橋茅場町 1-4-7
証券・商品先物取引業	岩井コスモホールディングス	大阪市中央区今橋 1 丁目 8 番 12 号
証券・商品先物取引業	マネーパートナーズグループ	東京都港区六本木一丁目 6 番 1 号 泉ガーデンタワー 16 階
証券・商品先物取引業	小林洋行	東京都中央区日本橋蛎殻町一丁目 15 番 7 号 小林洋行ビル 2 号館

区別	会社名	本社住所
その他金融業	全国保証	東京都千代田区大手町二丁目1番1号 大手町野村ビル
	クレディセゾン	東京都豊島区東池袋 3-1-1 サンシャイン60・52F
	アクリーティブ	千葉県市川市南八幡 4-9-1
	芙蓉総合リース	東京都千代田区三崎町 3-3-23 ニチレイビル
	興銀リース	東京都港区虎ノ門一丁目2番6号
	東京センチュリーリース	東京都千代田区神田練塀町3　富士ソフトビル
	日本証券金融	東京都中央区日本橋茅場町 1-2-10
	アイフル	京都市下京区烏丸通五条上る高砂町 381-1
	ポケットカード	東京都港区芝1丁目5番9号 住友不動産芝ビル2号館
	リコーリース	東京都江東区東雲一丁目7番12号
	イオンフィナンシャルサービス	千葉県千葉市美浜区中瀬 1-5-1　イオンタワー
	アコム	東京都千代田区丸の内二丁目1番1号 明治安田生命ビル
	ジャックス	東京都渋谷区恵比寿4丁目1番18号 恵比寿ネオナート
	オリエントコーポレーション	東京都千代田区麹町5丁目2番地1
	日立キャピタル	東京都港区西新橋二丁目15番12号（日立愛宕別館）
	アプラスフィナンシャル	大阪市中央区南船場一丁目17番26号
	オリックス	東京都港区浜松町2丁目4番1号 世界貿易センタービル
	三菱UFJリース	東京都千代田区丸の内 1-5-1 新丸の内ビルディング
	日本取引所グループ	東京都中央区日本橋兜町 2-1
	イー・ギャランティ	東京都港区赤坂 5-3-1 赤坂サカス内 赤坂Bizタワー37階
	アサックス	東京都渋谷区広尾1丁目3番14号
	NECキャピタルソリューション	東京都港区港南二丁目15番3号 （品川インターシティC棟）

第3章

就職活動のはじめかた

入りたい会社は決まった。しかし「就職活動とはそもそも何をしていいのかわからない」「どんな流れで進むかわからない」という声は意外と多い。ここでは就職活動の一般的な流れや内容，対策について解説していく。

▶就職活動のスケジュール

3月	4月	6月

就職活動スタート

2025年卒の就活スケジュールは,経団連と政府を中心に議論され,2024年卒の採用選考スケジュールから概ね変更なしとされている。

エントリー受付・提出

OB・OG訪問

企業の説明会には積極的に参加しよう。独自の企業研究だけでは見えてこなかった新たな情報を得る機会であるとともに,モチベーションアップにもつながる。また,説明会に参加した者だけに配布する資料などもある。

合同企業説明会　　**個別企業説明会**

筆記試験・面接試験等始まる（3月〜）

内々定（大手企業）

2月末までにやっておきたいこと

就職活動が本格化する前に,以下のことに取り組んでおこう。
◎自己分析　◎インターンシップ　◎筆記試験対策
◎業界研究・企業研究　◎学内就職ガイダンス
自分が本当にやりたいことはなにか,自分の能力を最大限に活かせる会社はどこか。自己分析と企業研究を重ね,それを文章などにして明確にしておき,面接時に最大限に活用できるようにしておこう。

7月 　　 8月 　　 10月

中小企業採用本格化

内定者の数が採用予定数に満たない企業，1年を通して採用を継続している企業，夏休み以降に採用活動を実施企業（後期採用）は採用活動を継続して行っている。大企業でも後期採用を行っていることもあるので，企業から内定が出ても，納得がいかなければ継続して就職活動を行うこともある。

中小企業の採用が本格化するのは大手企業より少し遅いこの時期から。HPなどで採用情報をつかむとともに，企業研究も怠らないようにしよう。

内々定とは10月1日以前に通知（電話等）されるもの。内定に関しては現在協定があり，10月1日以降に文書等にて通知される。

内々定（中小企業） 　　 内定式（10月〜）

どんな人物が求められる？

多くの企業は，常識やコミュニケーション能力があり，社会のできごとに高い関心を持っている人物を求めている。これは「会社の一員として将来の企業発展に寄与してくれるか」という視点に基づく，もっとも普遍的な選考基準だ。もちろん，「自社の志望を真剣に考えているか」「自社の製品，サービスにどれだけの関心を向けているか」という熱意の部分も重要な要素になる。

理論編

就活ロールプレイ！

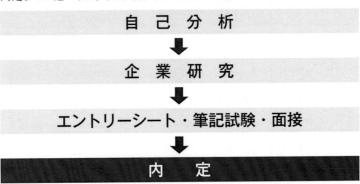

理論編
STEP 1 　就職活動のスタート

内定までの道のりは，大きく分けると以下のようになる。

> 自 己 分 析
> ↓
> 企 業 研 究
> ↓
> エントリーシート・筆記試験・面接
> ↓
> 内 　定

01 まず自己分析からスタート

　就職活動とは，「企業に自分をPRすること」。自分自身の興味，価値観に加えて，強み・能力という要素が加わって，初めて企業側に「自分が働いたら，こういうポイントで貢献できる」と自分自身を売り込むことができるようになる。

■自分の来た道を振り返る

　自己分析をするための第一歩は，「振り返ってみる」こと。

　小学校，中学校など自分のいた"場"ごとに何をしたか（部活動など），何を学んだか，交友関係はどうだったか，興味のあったこと，覚えている印象的なことを書き出してみよう。

■テストを受けてみる

　"自分では気がついていない能力"を客観的に検査してもらうことで，自分に向いている職種が見えてくる。下記の5種類が代表的なものだ。

①職業適性検査　　②知能検査　　③性格検査

④職業興味検査　　⑤創造性検査

■先輩や専門家に相談してみる

　就職活動をするうえでは，"いかに他人に自分のことをわかってもらうか"が重要なポイント。他者の視点で自分を分析してもらうことで，より客観的な視点で自己PRができるようになる。

自己分析の流れ

❑過去の経験を書いてみる

❑現在の自己イメージを明確にする…行動，考え方，好きなものなど。

❑他人から見た自分を明確にする

❑将来の自分を明確にしてみる…どのような生活をおくっていたいか。期待，夢，願望。なりたい自分はどういうものか，掘り下げて考える。→　自己分析結果を，志望動機につなげていく。

01 企業の絞り込み

　志望企業の絞り込みについての考え方は大きく分けて2つある。

　第1は，同一業種の中で1次候補，2次候補……と絞り込んでいく方法。

　第2は，業種を1次，2次，3次候補と変えながら，それぞれに2社程度ずつ絞り込んでいく方法。

　第1の方法では，志望する同一業種の中で，一流企業，中堅企業，中小企業，縁故などがある歯止めの会社……というふうに絞り込んでいく。

　第2の方法では，自分が最も望んでいる業種，将来好きになれそうな業種，発展性のある業種，安定性のある業種，現在好況な業種……というふうに区別して，それぞれに適当な会社を絞り込んでいく。

02 情報の収集場所

・キャリアセンター

・新聞

・インターネット

・企業情報

　『就職四季報』（東洋経済新報社刊），『日経会社情報』（日本経済新聞社刊）などの企業情報。この種の資料は本来"株式市場"についての資料だが，その時期の景気動向を含めた情報を仕入れることができる。

・経済雑誌

　『ダイヤモンド』（ダイヤモンド社刊）や『東洋経済』（東洋経済新報社刊），『エコノミスト』（毎日新聞出版刊）など。

・OB・OG／社会人

①成長力

まず"売上高"。次に資本力の問題や利益率などの比率。いくら資本金があっても，それを上回る膨大な借金を抱えていて，いくら稼いでも利払いに追われまくるようでは，成長できないし，安定できない。

成長力を見るには自己資本率を割り出してみる。自己資本を総資本で割って100を掛けると自己資本率がパーセントで出てくる。自己資本の比率が高いほうが成長力もあり安定度も高い。

利益率は純利益を売上高で割って100を掛ける。利益率が高ければ，企業はどんどん成長するし，社員の待遇も上昇する。利益率が低いということは，仕事がどんなに忙しくても利益にはつながらないということになる。

②技術力

技術力は，短期的な見方と長期的な展望が必要になってくる。研究部門が適切な規模か，大学など企業外の研究部門との連絡があるか，先端技術の分野で開発を続けているかどうかなど。

③経営者と経営形態

会社が将来，どのような発展をするか，または衰退するかは経営者の経営哲学，経営方針によるところが大きい。社長の経歴を知ることも必要。創始者の息子，孫といった親族が社長をしているのか，サラリーマン社長か，官庁などからの天下りかということも大切なチェックポイント。

④社風

社風というのは先輩社員から後輩社員に伝えられ，教えられるもの。社風もいろいろな面から必ずチェックしよう。

⑤安定性

企業が成長しているか，安定しているかということは車の両輪。どちらか片方の回転が遅くなっても企業はバランスを失う。安定し，しかも成長する。これが企業として最も理想とするところ。

⑥待遇

初任給だけを考えてみても，それが手取りなのか，基本給なのか。基本給というのはボーナスから退職金，定期昇給の金額にまで響いてくる。また，待遇というのは給与ばかりではなく，福利厚生施設でも大きな差が出てくる。

■そのほかの会社比較の基準

1. ゆとり度

休暇制度は，企業によって独自のものを設定しているところもある。「長期休暇制度」といったものなどの制定状況と，また実際に取得できているかどうかも調べたい。

2. 独身寮や住宅設備

最近では，社宅は廃止し，住宅手当を多く出すという流れもある。寮や社宅についての福利厚生は調べておく。

3. オフィス環境

会社に根づいた慣習や社員に対する考え方が，意外にオフィスの設備やレイアウトに表れている場合がある。

たとえば，個人の専有スペースの広さや区切り方，パソコンなどOA機器の設置状況，上司と部下の机の配置など，会社によってずいぶん違うもの。玄関ロビーや受付の様子を観察するだけでも，会社ごとのカラーや特徴がどこかに見えてくる。

4. 勤務地

転勤はイヤ，どうしても特定の地域で生活していきたい。そんな声に応えて，最近は流通業などを中心に，勤務地限定の雇用制度を取り入れる企業も増えている。

---

column　初任給では分からない本当の給与

会社の給与水準には「初任給」「平均給与」「平均ボーナス」「モデル給与」など，判断材料となるいくつかのデータがある。これらのデータからその会社の給料の優劣を判断するのは非常に難しい。

たとえば中小企業の中には，初任給が飛び抜けて高い会社がときどきある。しかしその後の昇給率は大きくないのがほとんど。

一方，大手企業の初任給は業種間や企業間の差が小さく，ほとんど横並びと言っていい。そこで，「平均給与」や「平均ボーナス」などで将来の予測をするわけだが，これは一応の目安とはなるが，個人差があるので正確とは言えない。

04 就職ノートの作成

■決定版「就職ノート」はこう作る

1冊にすべて書き込みたいという人には,ルーズリーフ形式のノートがお勧め。会社研究, スケジュール, 時事用語, OB／OG訪問, 切り抜きなどの項目を作りインデックスをつける。

カレンダー, 説明会, 試験などのスケジュール表を貼り, とくに会社別の説明会, 面談, 書類提出, 試験の日程がひと目で分かる表なども作っておく。そして見開き2ページで1社を載せ, 左ページに企業研究, 右ページには志望理由, 自己PRなどを整理する。

就職ノートの主なチェック項目

❑企業研究…資本金, 業務内容, 従業員数など基礎的な会社概要から, 過去の採用状況, 業務報告などのデータ

❑採用試験メモ…日程, 条件, 提出書類, 採用方法, 試験の傾向など

❑店舗・営業所見学メモ…流通関係, 銀行などの場合は, 客として訪問し, 商品(値段, 使用価値, ユーザーへの配慮), 店員(接客態度, 商品知識, 熱意, 親切度), 店舗(ショーケース, 陳列の工夫, 店内の清潔さ)などの面をチェック

❑OB／OG訪問メモ…OB／OGの名前, 連絡先, 訪問日時, 面談場所, 質疑応答のポイント, 印象など

❑会社訪問メモ…連絡先, 人事担当者名, 会社までの交通機関, 最寄り駅からの地図, 訪問のときに得た情報や印象, 訪問にいたるまでの経過も記入

05 「OB／OG訪問」

　「OB／OG訪問」は，実際は採用予備選考開始。まず，OB／OG訪問を希望したら，大学のキャリアセンター，教授などの紹介で，志望企業に勤める先輩の手がかりをつかむ。もちろん直接電話なり手紙で，自分の意向を会社側に伝えてもいい。自分の在籍大学，学部をはっきり言って，「先輩を紹介していただけないでしょうか」と依頼しよう。

参考

OB／OG訪問時の質問リスト例

●**採用について**
- ・成績と面接の比重
- ・評価のポイント
- ・採用までのプロセス（日程）
- ・筆記試験の傾向と対策
- ・面接は何回あるか
- ・コネの効力はどうか
- ・面接で質問される事項　etc.

●**仕事について**
- ・内容（入社10年,20年のOB/OG）
- ・新入社員の仕事
- ・希望職種につけるのか
- ・やりがいはどうか
- ・残業，休日出勤，出張など
- ・同業他社と比較してどうか　etc.

●**社風について**
- ・社内のムード
- ・上司や同僚との関係
- ・仕事のさせ方　etc.

●**待遇について**
- ・給与について
- ・福利厚生の状態
- ・昇進のスピード
- ・離職率について　etc.

06 インターンシップ

　インターンシップとは，学生向けに企業が用意している「就業体験」プログラム。ここで学生はさまざまな企業の実態をより深く知ることができ，その後の就職活動において自己分析，業界研究，職種選びなどに活かすことができる。また企業側にとっても有能な学生を発掘できるというメリットがあるため，導入する企業は増えている。

　インターンシップ参加が採用につながっているケースもあるため，たくさん参加してみよう。

---

column コネを利用するのも1つの手段？

コネを活用できるのは，以下のような場合である。

・企業と大学に何らかの「連絡」がある場合

　企業の新卒採用の場合，特定校・指定校が決められていることもある。企業側が過去の実績などに基づいて決めており，大学の力が大きくものをいう。

　とくに理工系では，指導教授や研究室と企業との連絡が密接な場合が多く，教授の推薦が有利であることは言うまでもない。同じ大学出身の先輩とのコネも，この部類に区分できる。

・志望企業と「関係」ある人と関係がある場合

　一般的に言えば，志望企業の取り引き先関係からの紹介というのが一番多い。ただし，年間億単位の実績が必要で，しかも部長・役員以上につながっていなければコネがあるとは言えない。

・志望企業と何らかの「親しい関係」がある場合

　志望企業に勤務したりアルバイトをしていたことがあるという場合。インターンシップもここに分類される。職場にも馴染みがあり人間関係もできているので，就職に際してきわめて有利。

・志望会社に関係する人と「縁故」がある場合

　縁故を「血縁関係」とした場合，日本企業ではこのコネはかなり有効なところもある。ただし，血縁者が同じ会社にいるというのは不都合なことも多いので，どの企業も慎重。

---

1. 受付の様子

　受付事務がテキパキとしていて，分かりやすいかどうか。社員の態度が親切で誠意が伝わってくるかどうか。

　こういった受付の様子からでも，その会社の社員教育の程度や，新入社員採用に対する熱意とか期待を推し測ることができる。

2. 控え室の様子

　控え室が2カ所以上あって，国立大学と私立大学の訪問者とが，別々に案内されているようなことはないか。また，面談の順番を意図的に変えているようなことはないか。これはよくある例で，すでに大半は内定しているということを意味する場合が多い。

3. 社内の雰囲気

　社員の話し方，その内容を耳にはさむだけでも，社風が伝わってくる。

4. 面談の様子

　何時間も待たせたあげくに，きわめて事務的に，しかも投げやりな質問しかしないような採用担当者である場合，この会社は人事が適正に行われていないということだから，一考したほうがよい。

参考　▶ 説明会での質問項目

・質問内容が抽象的でなく，具体性のあるものかどうか。

・質問内容は，現在の社会・経済・政治などの情況を踏まえた，
　大学生らしい高度で専門性のあるものか。

・質問をするのはいいが，「それでは，あなたの意見はどうか」と
　逆に聞かれたとき，自分なりの見解が述べられるものであるか。

提出する書類は6種類。①～③が大学に申請する書類，④～⑥が自分で書く書類だ。大学に申請する書類は一度に何枚も入手しておこう。

①「卒業見込証明書」

②「成績証明書」

③「健康診断書」

④「履歴書」

⑤「エントリーシート」

⑥「会社説明会アンケート」

■自分で書く書類は「自己PR」

第1次面接に進めるか否かは「自分で書く書類」の出来にかかっている。「履歴書」と「エントリーシート」は会社説明会に行く前に準備しておくもの。「会社説明会アンケート」は説明会の際に書き，その場で提出する書類だ。

01 履歴書とエントリーシートの違い

Webエントリーを受け付けている企業に資料請求をすると，資料と一緒に「エントリーシート」が送られてくるので，応募サイトのフォームやメールでエントリーシートを送付する。Webエントリーを行っていない企業には，ハガキやメールで資料請求をする必要があるが，「エントリーシート」は履歴書とは異なり，企業が設定した設問に対して回答するもの。すなわちこれが「1次試験」であり，これにパスをした人だけが会社説明会に呼ばれる。

02 記入の際の注意点

■字はていねいに

　字を書くところから，その企業に対する"本気度"は測られている。

■誤字，脱字は厳禁

　使用するのは，黒のインク。

■修正液使用は不可

■数字は算用数字

■自分の広告を作るつもりで書く

　自分はこういう人間であり，何がしたいかということを簡潔に書く。メリットになることだけで良い。自分に損になるようなことを書く必要はない。

■「やる気」を示す具体的なエピソードを

　「私はやる気があります」「私は根気があります」という抽象的な表現だけではNG。それを示すエピソードのようなものを書かなくては意味がない。

---Point---

　自己紹介欄の項目はすべて「自己PR」。自分はこういう人間であることを印象づけ，それがさらに企業への「志望動機」につながっていくような書き方をする。

---

column　履歴書やエントリーシートは，共通でもいい？

　「履歴書」や「エントリーシート」は企業によって書き分ける。業種はもちろん，同じ業界の企業であっても求めている人材が違うからだ。各書類は提出前にコピーを取り，さらに出した企業名を忘れずに書いておくことも大切だ。

写真	スナップ写真は不可。 スーツ着用で,胸から上の物を使用する。ポイントは「清潔感」。 氏名・大学名を裏書きしておく。
日付	郵送の場合は投函する日,持参する場合は持参日の日付を記入する。
生年月日	西暦は避ける。元号を省略せずに記入する。
氏名	戸籍上の漢字を使う。印鑑押印欄があれば忘れずに押す。
住所	フリガナ欄がカタカナであればカタカナで,平仮名であれば平仮名で記載する。
学歴	最初の行の中央部に「学□□歴」と2文字程度間隔を空けて,中学校卒業から大学(卒業・卒業見込み)まで記入する。 中途退学の場合は,理由を簡潔に記載する。留年は記入する必要はない。 職歴がなければ,最終学歴の一段下の行の右隅に,「以上」と記載する。
職歴	最終学歴の一段下の行の中央部に「職□□歴」と2文字程度間隔を空け記入する。 「株式会社」や「有限会社」など,所属部門を省略しないで記入する。 「同上」や「〃」で省略しない。 最終職歴の一段下の行の右隅に,「以上」と記載する。
資格・免許	4級以下は記載しない。学習中のものも記載して良い。 「普通自動車第一種運転免許」など,省略せずに記載する。
趣味・特技	具体的に(例:読書でもジャンルや好きな作家を)記入する。
志望理由	その企業の強みや良い所を見つけ出したうえで,「自分の得意な事」がどう活かせるかなどを考えぬいたものを記入する。
自己PR	応募企業の事業内容や職種にリンクするような,自分の経験やスキルなどを記入する。
本人希望欄	面接の連絡方法,希望職種・勤務地などを記入する。「特になし」や空白はNG。
家族構成	最初に世帯主を書き,次に配偶者,それから家族を祖父母,兄弟姉妹の順に。続柄は,本人から見た間柄。兄嫁は,義姉と書く。
健康状態	「良好」が一般的。

理論編 STEP4　エントリーシートの記入

01　エントリーシートの目的

・応募者を，決められた採用予定者数に絞り込むこと
・面接時の資料にする

の2つ。

■知りたいのは職務遂行能力

　採用担当者が学生を見る場合は，「こいつは与えられた仕事をこなせるかどうか」という目で見ている。企業に必要とされているのは仕事をする能力なのだ。

Point

質問に忠実に，"自分がいかにその会社の求める人材に当てはまるか"を
丁寧に答えること。

02　効果的なエントリーシートの書き方

■情報を伝える書き方

　課題をよく理解していることを相手に伝えるような気持ちで書く。

■文章力

　大切なのは全体のバランスが取れているか。書く前に，何をどれくらいの字数で収めるか計算しておく。

　「起承転結」でいえば，「起」は，文章を起こす導入部分。「承」は，起を受けて，その提起した問題に対して承認を求める部分。「転」は，自説を展開する部分。もっともオリジナリティが要求される。「結」は，最後の締めの結論部分。文章の構成・まとめる力で，総合的な能力が高いことをアピールする。

エントリーシートでよく取り上げられる題材と,その出題意図

エントリーシートで求められるものは,「自己PR」「志望動機」「将来どうなりたいか（目指すこと）」の3つに大別される。

1.「自己PR」

自己分析にしたがって作成していく。重要なのは,「なぜそうしようと思ったか？」「○○をした結果,何が変わったのか？何を得たのか？」という"連続性"が分かるかどうかがポイント。

2.「志望動機」

自己PRと一貫性を保ち,業界志望理由と企業志望理由を差別化して表現するように心がける。志望する業界の強みと弱み,志望企業の強みと弱みの把握は基本。

3.「将来の展望」

どんな社員を目指すのか,仕事へはどう臨もうと思っているか,目標は何か,などが問われる。仕事内容を事前に把握しておくだけでなく,5年後の自分,10年後の自分など,具体的な将来像を描いておくことが大切。

表現力, 理解力のチェックポイント

❑ 文法, 語法が正しいかどうか
❑ 論旨が論理的で一貫しているかどうか
❑ 1センテンスが簡潔かどうか
❑ 表現が統一されているかどうか（「です, ます」調か「だ, である」調か）

01 個人面接

●自由面接法

面接官と受験者のキャラクターやその場の雰囲気，質問と応答の進行具合などによって雑談形式で自由に進められる。

●標準面接法

自由面接法とは逆に，質問内容や評価の基準などがあらかじめ決まっている。実際には自由面接法と併用で，おおまかな質問事項や判定基準，評価ポイントを決めておき，質疑応答の内容上の制限を緩和しておくスタイルが一般的。1次面接などでは標準面接法をとり，2次以降で自由面接法をとる企業も多い。

●非指示面接法

受験者に自由に発言してもらい，面接官は話題を引き出したりするときなど，最小限の質問をするという方法。

●圧迫面接法

わざと受験者の精神状態を緊張させ，受験者がどのような応答をするかを観察し，判定する。受験者は，冷静に対応することが肝心。

02 集団面接

面接の方法は個人面接と大差ないが，面接官がひとつの質問をして，受験者が順にそれに答えるという方法と，面接官が司会役になって，座談会のような形式で進める方法とがある。

座談会のようなスタイルでの面接は，なるべく受験者全員が関心をもっているような話題を取りあげ，意見を述べさせるという方法。この際，司会役以外の面接官は一言も発言せず，判定・評価に専念する。

03 グループディスカッション

　グループディスカッション（以下，GD）の時間は30〜60分程度，1グループの人数は5〜10人程度で，司会は面接官が行う場合や，時間を決めて学生が交替で行うことが多い。面接官は内容については特に指示することはなく，受験者がどのようにGDを進めるかを観察する。

　評価のポイントは，全体的には理解力，表現力，指導性，積極性，協調性など，個別的には性格，知識，適性などが観察される。

　GDの特色は，集団の中での個人ということで，受験者の能力がどの程度のものであるか，また，どのようなことに向いているかを判定できること。受験者は，グループの中における自分の位置を面接官に印象づけることが大切だ。

グループディスカッション方式の面接におけるチェックポイント

- ❏全体の中で適切な論点を提供できているかどうか。
- ❏問題解決に役立つ知識を持っているか，また提供できているかどうか。
- ❏もつれた議論を解きほぐし，的はずれの議論を元に引き戻す努力をしているかどうか。
- ❏グループ全体としての目標をいつも考えているかどうか。
- ❏感情的な対立や攻撃をしかけているようなことはないか。
- ❏他人の意見に耳を傾け，よい意見には賛意を表し，それを全体に推し広げようという寛大さがあるかどうか。
- ❏議論の流れを自然にリードするような主導性を持っているかどうか。
- ❏提出した意見が議論の進行に大きな影響を与えているかどうか。

04 面接時の注意点

●控え室

　控え室には，指定された時間の15分前には入室しよう。そこで担当の係から，面接に際しての注意点や手順の説明が行われるので，疑問点は積極的に聞くようにし，心おきなく面接にのぞめるようにしておこう。会社によっては，所定のカードに必要事項を書き込ませたり，お互いに自己紹介をさせたりする場合もある。また，この控え室での行動も細かくチェックして，合否の資料にしている会社もある。

●入室・面接開始

　係員がドアの開閉をしてくれる場合もあるが，それ以外は軽くノックして入室し，必ずドアを閉める。そして入口近くで軽く一礼し，面接官か補助員の「どうぞ」という指示で正面の席に進み，ここで再び一礼をする。そして，学校名と氏名を名のって静かに着席する。着席時は，軽く椅子にかけるようにする。

●面接終了と退室

　面接の終了が告げられたら，椅子から立ち上がって一礼し，椅子をもとに戻して，面接官または係員の指示を受けて退室する。

　その際も，ドアの前で面接官のほうを向いて頭を下げ，静かにドアを開閉する。控え室に戻ったら，係員の指示を受けて退社する。

05 面接試験の評定基準

●協調性

　企業という「集団」では，他人との協調性が特に重視される。

　感情や態度が円満で調和がとれていること，極端に好悪の情が激しくなく，物事の見方や考え方が穏健で中立であることなど，職場での人間関係を円滑に進めていくことのできる人物かどうかが評価される。

●話し方

　外観印象的には，言語の明瞭さや応答の態度そのものがチェックされる。小さな声で自信のない発言，乱暴野卑な発言は減点になる。

　考えをまとめたら，言葉を選んで話すくらいの余裕をもって，真剣に応答しようとする姿勢が重視される。軽率な応答をしたり，まして発言に矛盾を指摘されるような事態は極力避け，もしそのような状況になりそうなときは，自分の非を認めてはっきりと謝るような態度を示すべき。

●好感度

　実社会においては，外観による第一印象が，人間関係や取引に大きく影響を及ぼす。

　「フレッシュな爽やかさ」に加え，入社志望など，自分の意思や希望をより明確にすることで，強い信念に裏づけられた姿勢をアピールできるよう努力したい。

●判断力

何を質問されているのか，何を答えようとしているのか，常に冷静に判断していく必要がある。

●表現力

話に筋道が通り理路整然としているか，言いたいことが簡潔に言えるか，話し方に抑揚があり聞く者に感銘を与えるか，用語が適切でボキャブラリーが豊富かどうか。

●積極性

活動意欲があり，研究心旺盛であること，進んで物事に取り組み，創造的に解決しようとする意欲が感じられること，話し方にファイトや情熱が感じられること，など。

●計画性

見通しをもって順序よく合理的に仕事をする性格かどうか，またその能力の有無。企業の将来性のなかに，自分の将来をどうかみ合わせていこうとしているか，現在の自分を出発点として，何を考え，どんな仕事をしたいのか。

●安定性

情緒の安定は，社会生活に欠くことのできない要素。自分自身をよく知っているか，他の人に流されない信念をもっているか。

●誠実性

自分に対して忠実であろうとしているか，物事に対してどれだけ誠実な考え方をしているか。

●社会性

企業は集団活動なので，自分の考えに固執したり，不平不満が多い性格は向かない。柔軟で適応性があるかどうか。

清潔感や明朗さ，若々しさといった外観面も重視される。

06 面接試験の質問内容

1. 志望動機

受験先の概要や事業内容はしっかりと頭の中に入れておく。また，その企業の企業活動の社会的意義と，自分自身の志望動機との関連を明確にしておく。「安定している」「知名度がある」「将来性がある」といった利己的な動機，「自

分の性格に合っている」というような，あいまいな動機では説得力がない。安定性や将来性は，具体的にどのような企業努力によって支えられているのかという考察も必要だし，それに対する受験者自身の評価や共感なども問われる。

①どうしてその業種なのか

②どうしてその企業なのか

③どうしてその職種なのか

以上の①～③と，自分の性格や資質，専門などとの関連性を説明できるようにしておく。

自分がどうしてその会社を選んだのか，どこに大きな魅力を感じたのかを，できるだけ具体的に，情熱をもって語ることが重要。自分の長所と仕事の適性を結びつけてアピールし，仕事のやりがいや仕事に対する興味を述べるのもよい。

■複数の企業を受験していることは言ってもいい？

同じ職種，同じ業種で何社かかけもちしている場合，正直に答えてもかまわない。しかし，「第一志望はどこですか」というような質問に対して，正直に答えるべきかどうかというと，やはりこれは疑問がある。どんな会社でも，他社を第一志望にあげられれば，やはり愉快には思わない。

また，職種や業種の異なる会社をいくつか受験する場合も同様で，極端に性格の違う会社をあげれば，その矛盾を突かれるのは必至だ。

2. 仕事に対する意識・職業観

採用試験の段階では，次年度の配属予定が具体的に固まっていない会社もかなりある。具体的に職種や部署などを細分化して募集している場合は別だが，そうでない場合は，希望職種をあまり狭く限定しないほうが賢明。どの業界においても，採用後，新入社員には，研修としてその会社の各セクションをひと通り経験させる企業は珍しくない。そのうえで，具体的な配属計画を検討するのだ。

大切なことは，就職や職業というものを，自分自身の生き方の中にどう位置づけるか，また，自分の生活の中で仕事とはどういう役割を果たすのかを考えてみること。つまり自分の能力を活かしたい，社会に貢献したい，自分の存在価値を社会的に実現してみたい，ある分野で何か自分の力を試してみたい……，などの場合を考え，それを自分自身の人生観，志望職種や業種などとの関係を考えて組み立ててみる。自分の人生観をもとに，それを自分の言葉で表現できるようにすることが大切。

3. 自己紹介・自己PR

性格そのものを簡単に変えたり，欠点を克服したりすることは実際には難しいが，“仕方がない”という姿勢を見せることは禁物で，どんなささいなことでも，努力している面をアピールする。また一般的にいって，専門職を除けば，就職時になんらかの資格や技能を要求する企業は少ない。

ただ，資格をもっていれば採用に有利とは限らないが，専門性を要する業種では考慮の対象とされるものもある。たとえば英検，簿記など。

企業が学生に要求しているのは，4年間の勉学を重ねた学生が，どのように仕事に有用であるかということで，学生の知識や学問そのものを聞くのが目的ではない。あくまで，社会人予備軍としての謙虚さと素直さを失わないようにする。

知識や学力よりも，その人の人間性，ビジネスマンとしての可能性を重視するからこそ，面接担当者は，学生生活全般について尋ねることで，書類だけでは分からない人間性を探ろうとする。

何かうち込んだものや思い出に残る経験などは，その人の人間的な成長になんらかの作用を及ぼしているものだ。どんな経験であっても，そこから受けた印象や教訓などは，明確に答えられるようにしておきたい。

4. 一般常識・時事問題

一般常識・時事問題については筆記試験の分野に属するが，面接でこうしたテーマがもち出されることも珍しくない。受験者がどれだけ社会問題に関心をもっているか，一般常識をもっているか，また物事の見方・考え方に偏りがないかなどを判定する。知識や教養だけではなく，一問一答の応答を通じて，その人の性格や適応能力まで判断されることになる。

07 面接に向けての事前準備

■面接試験1カ月前までには万全の準備をととのえる

●志望会社・職種の研究

新聞の経済欄や経済雑誌などのほか，会社年鑑，株式情報など書物による研究をしたり，インターネットにあがっている企業情報や，検索によりさまざまな角度から調べる。すでにその会社へ就職している先輩や知人に会って知識を得たり，大学のキャリアセンターへ情報を求めるなどして総合的に判断する。

■専攻科目の知識・卒論のテーマなどの整理

大学時代にどれだけ勉強してきたか，専攻科目や卒論のテーマなどを整理しておく。

■**時事問題に対する準備**

毎日欠かさず新聞を読む。志望する企業の話題は，就職ノートに整理するなどもアリ。

面接当日の必需品

❑必要書類（履歴書，卒業見込証明書，成績証明書，健康診断書，推薦状）

❑学生証

❑就職ノート（志望企業ファイル）

❑印鑑，朱肉

❑筆記用具（万年筆，ボールペン，サインペン，シャープペンなど）

❑手帳，ノート

❑地図（訪問先までの交通機関などをチェックしておく）

❑現金（小銭も用意しておく）

❑腕時計（オーソドックスなデザインのもの）

❑ハンカチ，ティッシュペーパー

❑くし，鏡（女性は化粧品セット）

❑シューズクリーナー

❑ストッキング

❑折りたたみ傘（天気予報をチェックしておく）

❑携帯電話，充電器

理論編 STEP6　筆記試験の種類

■一般常識試験

> 社会人として企業活動を行ううえで最低限必要となる一般常識のほか，
> 英語，国語，社会(時事問題)，数学などの知識の程度を確認するもの。

　難易度はおおむね中学・高校の教科書レベル。一般常識の問題集を1冊やっておけばよいが，業界によっては専門分野が出題されることもあるため，必ず志望する企業のこれまでの試験内容は調べておく。

■一般常識試験の対策

・**英語**　慣れておくためにも，教科書を復習する，英字新聞を読むなど。

・**国語**　漢字，四字熟語，反対語，同音異義語，ことわざをチェック。

・**時事問題**　新聞や雑誌,テレビ，ネットニュースなどアンテナを張っておく。

■適性検査

　SPI（Synthetic Personality Inventory）試験（SPI3試験）とも呼ばれ，能力テストと性格テストを合わせたもの。

　能力テストでは国語能力を測る「言語問題」と,数学能力を測る「非言語問題」がある。言語的能力，知覚能力，数的能力のほか，思考・推理能力，記憶力，注意力などの問題で構成されている。

　性格テストは「はい」か「いいえ」で答えていく。仕事上の適性と性格の傾向などが一致しているかどうかをみる。

> SPIは職務への適応性を客観的にみるためのもの。

01 「論文」と「作文」

　一般に「論文」はあるテーマについて自分の意見を述べ，その論証をする文章で，必ず意見の主張とその論証という2つの部分で構成される。問題提起と論旨の展開，そして結論を書く。

　「作文」は，一般的には感想文に近いテーマ，たとえば「私の興味」「将来の夢」といったものがある。

　就職試験では「論文」と「作文」を合わせた"論作文"とでもいうようなものが出題されることが多い。

　論作文試験とは，「文章による面接」。テーマに書き手がどういう態度を持っているかを知ることが，出題の主な目的だ。受験者の知識・教養・人生観・社会観・職業観，そして将来への希望などが，どのような思考を経て，どう表現されているかによって，企業にとって，必要な人物かどうかを判断している。

　論作文の場合には，書き手の社会的意識や考え方に加え，「感銘を与える」働きが要求される。就職活動とは，企業に対し「自分をアピールすること」だということを常に念頭に置いておきたい。

Point

論文と作文の違い

	論 文	作 文
テーマ	学術的・社会的・国際的なテーマ。時事，経済問題など	個人的・主観的なテーマ。人生観，職業観など
表現	自分の意見や主張を明確に述べる。	自分の感想を述べる。
展開	四段型（起承転結）の展開が多い。	三段型（はじめに・本文・結び）の展開が多い。
文体	「だ調・である調」のスタイルが多い。	「です調・ます調」のスタイルが多い。

02 採点のポイント

・テーマ

与えられた課題（テーマ）を，受験者はどのように理解しているか。

出題されたテーマの意義をよく考え，それに対する自分の意見や感情が，十分に整理されているかどうか。

・表現力

課題について本人が感じたり，考えたりしたことを，文章で的確に表しているか。

・字・用語・その他

かなづかいや送りがなが合っているか，文中で引用されている格言やことわざの類が使用法を間違えていないか，さらに誤字・脱字に至るまで，文章の基本的な力が受験者の人柄ともからんで厳密に判定される。

・オリジナリティ

魅力がある文章とは，オリジナリティを率直に出すこと。自分の感情や意見を，自分の言葉で表現する。

・生活態度

文章は，書き手の人格や人柄を映し出す。平素の社会的関心や他人との協調性，趣味や読書傾向はどうであるかといった，受験者の日常における生き方，生活態度がみられる。

・字の上手・下手

できるだけ読みやすい字を書く努力をする。また，制限字数より文章が長くなって原稿用紙の上下や左右の空欄に書き足したりすることは避ける。消しゴムで消す場合にも，丁寧に。

いずれの場合でも，表面的な文章力を問うているのではなく，受験者の人柄のほうを重視している。

実践編 マナーチェックリスト

就活において企業の人事担当は，面接試験やOG／OB訪問，そして面接試験において，あなたのマナーや言葉遣いといった，「常識力」をチェックしている。現在の自分はどのくらい「常識力」が身についているかをチェックリストで振りかえり，何ができて，何ができていないかを明確にしたうえで，今後の取り組みに生かしていこう。

評価基準　5：大変良い　4：やや良い　3：どちらともいえない　2：やや悪い　1：悪い

	項　目	評　価	メ　モ
挨拶	明るい笑顔と声で挨拶をしているか		
	相手を見て挨拶をしているか		
	相手より先に挨拶をしているか		
	お辞儀を伴った挨拶をしているか		
	直接の応対者でなくても挨拶をしているか		
表情	笑顔で応対しているか		
	表情に私的感情がでていないか		
	話しかけやすい表情をしているか		
	相手の話は真剣な顔で聞いているか		
身だしなみ	前髪は目にかかっていないか		
	髪型は乱れていないか／長い髪はまとめているか		
	髭の剃り残しはないか／化粧は健康的か		
	服は汚れていないか／清潔に手入れされているか		
	機能的で職業・立場に相応しい服装をしているか		
	華美なアクセサリーはつけていないか		
	爪は伸びていないか		
	靴下の色は適当か／ストッキングの色は自然な肌色か		
	靴の手入れは行き届いているか		
	ポケットに物を詰めすぎていないか		

	項 目	評 価	メ モ
言葉遣い	専門用語を使わず，相手にわかる言葉で話しているか		
	状況や相手に相応しい敬語を正しく使っているか		
	相手の聞き取りやすい音量・速度で話しているか		
	語尾まで丁寧に話しているか		
	気になる言葉癖はないか		
動作	物の授受は両手で丁寧に実施しているか		
	案内・指し示し動作は適切か		
	キビキビとした動作を心がけているか		
心構え	勤務時間・指定時間の5分前には準備が完了しているか		
	心身ともに健康管理をしているか		
	仕事とプライベートの切替えができているか		

☑ 常に自己点検をするクセをつけよう

「人を表情やしぐさ，身だしなみなどの見かけで判断してはいけない」と一般にいわれている。確かに，人の個性は見かけだけではなく，内面においても見いだされるもの。しかし，私たちは人を第一印象である程度決めてしまう傾向がある。それが面接試験など初対面の場合であればなおさらだ。したがって，チェックリストにあるような挨拶，表情，身だしなみ等に注意して面接試験に臨むことはとても重要だ。ただ，これらは面接試験前にちょっと対策したからといって身につくようなものではない。付け焼き刃的な対策をして面接試験に臨んでも，面接官はあっという間に見抜いてしまう。日頃からチェックリストにあるような項目を意識しながら行動することが大事であり，そうすることで，最初はぎこちない挨拶や表情等も，その人の個性に応じたすばらしい所作へ変わっていくことができるのだ。さっそく，本日から実行してみよう。

面接試験において，印象を決定づける表情はとても大事。
どのようにすれば感じのいい表情ができるのか，ポイントを確認していこう。

明るく,温和で
柔らかな表情をつくろう

人間関係の潤滑油

表情に関しては，まずは豊かである
ということがベースになってくる。う
れしい表情，困った表情，驚いた表
情など，さまざまな気持ちを表現で
きるということが，人間関係を潤いの
あるものにしていく。

Point

　表情はコミュニケーションの大前提。相手に「いつでも話しかけてくださ
いね」という無言の言葉を発しているのが，就活に求められる表情だ。面接
官が安心してコミュニケーションをとろうと思ってくれる表情。それが，明
るく，温和で柔らかな表情となる。

いますぐデキる
カンタンTraining

Training 01

喜怒哀楽を表してみよう

- 人との出会いを楽しいと思うことが表情の基本
- 表情を豊かにする大前提は相手の気持ちに寄り添うこと
- 目元・口元だけでなく，眉の動きを意識することが大事

Training 02

表情筋のストレッチをしよう

- 表情筋は「ウイスキー」の発音によって鍛える
- 意識して毎日，取り組んでみよう
- 笑顔の共有によって相手との距離が縮まっていく

コミュニケーションは挨拶から始まり，その挨拶ひとつで印象は変わるもの。
ポイントを確認していこう。

丁寧にしっかりと
はっきり挨拶をしよう

人間関係の第一歩

挨拶は心を開いて，相手に近づくコ
ミュニケーションの第一歩。たかが
挨拶，されど挨拶の重要性をわきま
えて，きちんとした挨拶をしよう。形，
つまり"技"も大事だが，心をこめ
ることが最も重要だ。

Point

　挨拶はコミュニケーションの第一歩。相手が挨拶するのを待っているの
は望ましくない。挨拶の際のポイントは丁寧であることと，はっきり声に出
すことの2つ。丁寧な挨拶は，相手を大事にして迎えている気持ちの表れ
となる。はっきり声に出すことで，これもきちんと相手を迎えていることが
伝わる。また，相手もその応答として挨拶してくれることで，会ってすぐに
双方向のコミュニケーションが成立する。

いますぐデキる
カンタンTraining

Training **01**

3つのお辞儀をマスターしよう

① 会釈（15度）　　② 敬礼（30度）　　③ 最敬礼（45度）

- 息を吸うことを意識してお辞儀をするとキレイな姿勢に
- 目線は真下ではなく，床前方1.5m先ぐらいを見よう
- 相手への敬意を忘れずに

Training **02**

対面時は言葉が先，お辞儀が後

- 相手に体を向けて先に自ら挨拶をする
- 挨拶時，相手とアイコンタクトをしっかり取ろう
- 挨拶の後に，お辞儀をする。これを「語先後礼」という

コミュニケーションは「話す」よりも「聞く」ことといわれる。相手が話しやすい聞き方の, ポイントを確認しよう。

受容の立場で
傾聴しよう

相手の話を受けとめる

話を聞くときは, やや前に傾く姿勢をとる。表情と姿勢が合わさることにより, 話し手の心が開き「あれも, これも話そう」という気持ちになっていく。また, 「はい」と一度のお辞儀で頷くと相手の話を受け止めているというメッセージにつながる。

Point

　話をすること, 話を聞いてもらうことは誰にとってもプレッシャーを伴うもの。そのため,「何でも話して良いんですよ」「何でも話を聞きますよ」「心配しなくて良いんですよ」という気持ちで聞くことが大切になる。その気持ちが聞く姿勢に表れれば, 相手は安心して話してくれる。

いますぐデキる
カンタンTraining

Training **01**

頷きは一度で

- 相手が話した後に「はい」と
  一言発する
- 頷きすぎは逆効果

Training **02**

目線は自然に

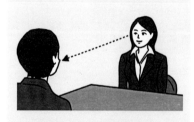

- 鼻の付け根あたりを見ると
  自然な印象に
- 目を見つめすぎるのはNG

Training **03**

話の句読点で視線を移す

- 視線は話している人を見ることが基本
- 複数の人の話を聞くときは句読点を意識し,
  視線を振り分けることで聞く姿勢を表す

自分の意思を相手に明確に伝えるためには，話し方が重要となる。はっきりと的確に話すためのポイントを確認しよう。

明るい発声を心がけよう

ボリュームを意識して

話すときのポイントとしては，ボリュームを意識することが挙げられる。会議室の一番奥にいる人に声が届くように意識することで，声のボリュームはコントロールされていく。

Point

　コミュニケーションとは「伝達」すること。どのようなことも，適当に伝えるのではなく，伝えるべきことがきちんと相手に届くことが大切になる。そのためには，はっきりと，分かりやすく，丁寧に，心を込めて話すこと。言葉だけでなく，表情やジェスチャーを加えることも有効。

カンタンTraining

Training **01**

腹式呼吸で発声練習

- 「あえいうえおあお」と発声する
- 腹式呼吸は，胸部をなるべく動かさずに，息を吸うときにお腹や腰が膨らむよう意識する呼吸法

Training **02**

早口言葉にチャレンジ

おあやや
母親に
お謝り

- 「おあやや，母親に，お謝り」と早口で
- 口がすぼまった「お」と口が開いた「あ」の発音に，変化をつけられるかがポイント

Training **03**

ジェスチャーを有効活用

- 腰より上でジェスチャーをする
- 体から離した位置に手をもっていく
- ジェスチャーをしたら戻すところをさだめておく

身だしなみはその人自身を表すもの。身だしなみの基本について，ポイントを確認しよう。

清潔感,さわやかさを
醸し出せるようにしよう

**プロの企業人に
ふさわしい身だしなみを**

信頼感，安心感をもたれる身だしなみを考えよう。TPOに合わせた服装は，すなわち "礼" を表している。そして，身だしなみには，「清潔感」，「品のよさ」，「控え目である」という，3つのポイントがある。

Point

相手との心理的な距離や物理的な距離が遠ければ，コミュニケーションは成立しにくくなる。見た目が不潔では誰も近付いてこない。身だしなみが清潔であること，爽やかであることは相手との距離を縮めることにも繋がる。

いますぐデキる
カンタンTraining

Training **01**

髪型，服装を整えよう

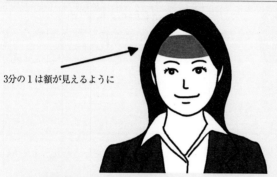

3分の1は額が見えるように

- 男性も女性も眉が見える髪型が望ましい。3分の1は額が見えるように。額は知性と清潔感を伝える場所。男性の髪の長さは耳や襟にかからないように
- スーツで相手の前に立つときは，ボタンはすべて留める。男性の場合は下のボタンは外す

Training **02**

おしゃれとの違いを明確に

- 爪はできるだけ切りそろえる
- 爪の中の汚れにも注意
- ジェルネイル，ネイルアートはNG

Training **03**

足元にも気を配って

- 女性の場合はパンプス，男性の場合は黒の紐靴が望ましい
- 靴はこまめに汚れを落とし見栄えよく

姿勢にはその人の意欲が反映される。前向き，活動的な姿勢を表すにはどうしたらよいか，ポイントを確認しよう。

前向き,活動的な姿勢を維持しよう

一直線と左右対称

正しい立ち姿として，耳，肩，腰，くるぶしを結んだ線が一直線に並んでいることが最大のポイントになる。そのラインが直線に近づくほど立ち姿がキレイに整っていることになる。また，"左右対称"というのもキレイな姿勢の要素のひとつになる。

Point

　姿勢は，身体と心の状態を反映するもの。そのため，良い姿勢でいることは，印象が清々しいだけでなく，健康で元気そうに見え，話しかけやすさにも繋がる。歩く姿勢，立つ姿勢，座る姿勢など，どの場面にも心身の健康状態が表れるもの。日頃から心身の健康状態に気を配り，フィジカルとメンタル両面の自己管理を心がけよう。

いますぐデキる
カンタンTraining

Training **01**

キレイな歩き方を心がけよう

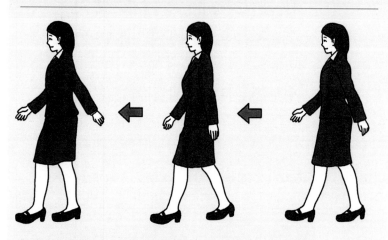

・女性は1本の線上を，男性はそれよりも太い線上を沿うように歩く
・一歩踏み出したときに前の足に体重を乗せるように，腰から動く
・12時の方向につま先をもっていく

Training **02**

前向きな気持ちを持とう

・常に前向きな気持ちが姿勢を正す
・ポジティブ思考を心がけよう

言葉遣いの正しさはとは，場面にあった言葉を遣うということ。相手を気づか
いながら，言葉を選ぶことで，より正しい言葉に近づいていく。

相手と場面に合わせた
ふさわしい言葉遣いを

次の文は接客の場面でよくある間違えやすい敬語です。
それぞれの言い方は○×どちらでしょうか。

問1 「資料をご拝読いただきありがとうございます」

問2 「こちらのパンフレットはもういただかれましたか？」

問3 「恐れ入りますが，こちらの用紙にご記入してください」

問4 「申し訳ございませんが，来週，休ませていただきます」

問5 「先ほどの件，帰りましたら上司にご報告いたしますので」

Point

ビジネスのシーンに敬語は欠くことができない。何度もやり取りをしてい
く中で，親しさの度合いによっては，あえてくだけた表現を用いることもあ
るが，「親しき仲にも礼儀あり」と言われるように，敬意や心づかいをおろ
そかにしてはいけないもの。相手に誤解されたり，相手の気分を壊すこと
のないように，相手や場面にふさわしい言葉遣いが大切になる。

解答と解説

問1 （×） ○正しい言い換え例

→「ご覧いただきありがとうございます」など

「拝読」は自分が「読む」意味の謙譲語なので，相手の行為に使うのは誤り。読むと見るは同義なため，多く，見るの尊敬語「ご覧になる」が用いられる。

問2 （×） ○正しい言い換え例

→「お持ちですか」「お渡ししましたでしょうか」 など

「いただく」は，食べる・飲む・もらうの謙譲語。「もらったかどうか」と聞きたいのだから，「おもらいになりましたか」と言えないこともないが，持っているかどうか，受け取ったかどうかという意味で「お持ちですか」などが使われることが多い。また，自分側が渡すような場合は，「お渡しする」を使って「お渡ししましたでしょうか」などの言い方に換えることもできる。

問3 （×） ○正しい言い換え例

→「恐れ入りますが，こちらの用紙にご記入ください」など

「ご記入する」の「お（ご）〜する」は謙譲語の形。相手の行為を謙譲語で表すことになるため誤り。「して」を取り除いて「ご記入ください」か，和語に言い換えて「お書きください」とする。ほかにも「お書き／ご記入・いただけますでしょうか・願います」などの表現もある。

問4 （△）

有給休暇を取る場合や，弔事等で休むような場面で，用いられることも多い。「休ませていただく」ということで一見丁寧に響くが，「来週休むと自分で休みを決めている」という勝手な表現にも受け取られかねない言葉だ。ここは同じ「させていただく」を用いても，相手の都合をうかがう言い方に換えて「○○がございまして，申し訳ございませんが，休みをいただいてもよろしいでしょうか」などの言い換えが好ましい。

問5 （×） ○正しい言い換え例

→「上司に報告いたします」

「ご報告いたします」は，ソトの人との会話で使うとするならば誤り。「ご報告いたします」の「お・ご〜いたす」は，「お・ご〜する」と「〜いたす」という2つの敬語を含む言葉。そのうちの「お・ご〜する」は，主語である自分を低めて相手＝上司を高める働きをもつ表現（謙譲語Ⅰ）。一方「〜いたす」は，主語の私を低めて，話の聞き手に対して丁重に述べる働きをもつ表現（謙譲語Ⅱ 丁重語）。「お・ご〜する」も「〜いたす」も同じ謙譲語であるため紛らわしいが，主語を低める（謙譲）という働きは同じでも，行為の相手を高める働きがあるかないかという点に違いがあるといえる。

正しい敬語

敬語は正しく使用することで，相手の印象を大きく変えることができる。尊敬語，謙譲語の区別をはっきりつけて，誤った用法で話すことのないように気をつけよう。

言葉の使い方が
マナーを表す!

■よく使われる尊敬語の形　「言う・話す・説明する」の例

専用の尊敬語型	おっしゃる
～れる・～られる型	言われる・話される・説明される
お（ご）～になる型	お話しになる・ご説明になる
お（ご）～なさる型	お話しなさる・ご説明なさる

■よく使われる謙譲語の形　「言う・話す・説明する」の例

専用の謙譲語型	申す・申し上げる
お（ご）～する型	お話しする・ご説明する
お（ご）～いたす型	お話しいたします・ご説明いたします

---Point---

　同じ尊敬語・謙譲語でも，よく使われる代表的な形がある。ここではその一例をあげてみた。敬語の使い方に迷ったときなどは，まずはこの形を思い出すことで，大抵の語はこの型にはめ込むことができる。同じ言葉を用いたほうがよりわかりやすいといえるので，同義に使われる「言う・話す・説明する」を例に考えてみよう。

　ほかにも「お話しくださる」や「お話しいただく」「お元気でいらっしゃる」などの形もあるが，まずは表の中の形を見直そう。

■よく使う動詞の尊敬語・謙譲語

なお，尊敬語の中の「言われる」などの「れる・られる」を付けた形は省力している。

基本	尊敬語（相手側）	謙譲語（自分側）
会う	お会いになる	お目にかかる・お会いする
言う	おっしゃる	申し上げる・申す
行く・来る	いらっしゃる おいでになる お見えになる お越しになる お出かけになる	伺う・参る お伺いする・参上する
いる	いらっしゃる・おいでになる	おる
思う	お思いになる	存じる
借りる	お借りになる	拝借する・お借りする
聞く	お聞きになる	拝聴する 拝聞する お伺いする・伺う お聞きする
知る	ご存じ（知っているという意で）	存じ上げる・存じる
する	なさる	いたす
食べる・飲む	召し上がる・お召し上がりになる お飲みになる	いただく・頂戴する
見る	ご覧になる	拝見する
読む	お読みになる	拝読する

「お伺いする」「お召し上がりになる」などは，「伺う」「召し上がる」自体が敬語なので
「二重敬語」ですが，慣習として定着しており間違いではないもの。

Point

　上記の「敬語表」は，よく使うと思われる動詞をそれぞれ尊敬語・謙譲語で表したもの。このように大体の言葉は型にあてはめることができる。言葉の中には「お（ご）」が付かないものもあるが，その場合でも「〜なさる」を使って，「スピーチなさる」や「運営なさる」などと言うことができる。また，表では，「言う」の尊敬語「言われる」の例は省いているが，れる・られる型の「言われる」よりも「おっしゃる」「お話しになる」「お話しなさる」などの言い方のほうが，より敬意も高く，言葉としても何となく響きが落ち着くといった印象を受けるものとなる。

会話は相手があってのこと。いかなる場合でも、相手に対する心くばりを忘れないことが、会話をスムーズに進めるためのコツになる。

心くばりを添えるひと言で 言葉の印象が変わる!

　相手に何かを頼んだり、また相手の依頼を断ったり、相手の抗議に対して反論したりする場面では、いきなり自分の意見や用件を切り出すのではなく、場面に合わせて心くばりを伝えるひと言を添えてから本題に移ると、響きがやわらかくなり、こちらの意向も伝えやすくなる。俗にこれは「クッション言葉」と呼ばれている。(右表参照)

Point

　ビジネスの場面で、相手と話したり手紙やメールを送る際には、何か依頼事があってという場合が多いもの。その場合に「ちょっとお願いなんですが…」では、ふだんの会話と変わりがないものになってしまう。そこを「突然のお願いで恐れ入りますが」「急にご無理を申しまして」「こちらの勝手で恐縮に存じますが」「折り入ってお願いしたいことがございまして」などの一言を添えることで、直接的なきつい感じが和らぐだけでなく、「申し訳ないのだけれど、もしもそうしていただくことができればありがたい」という、相手への配慮や願いの気持ちがより強まる。このような前置きの言葉もうまく用いて、言葉に心くばりを添えよう。

相手の意向を尋ねる場合	「よろしければ」「お差し支えなければ」
	「ご都合がよろしければ」「もしお時間がありましたら」
	「もしお嫌いでなければ」「ご興味がおありでしたら」
相手に面倒を かけてしまうような場合	「お手数をおかけしますが」
	「ご面倒をおかけしますが」
	「お手を煩わせまして恐縮ですが」
	「お忙しい時に申し訳ございませんが」
	「お時間を割いていただき申し訳ありませんが」
	「貴重なお時間を頂戴し恐縮ですが」
自分の都合を 述べるような場合	「こちらの勝手で恐縮ですが」
	「こちらの都合（ばかり）で申し訳ないのですが」
	「私どもの都合ばかりを申しまして，まことに申し訳なく存じますが」
	「ご無理を申し上げまして恐縮ですが」
急な話をもちかけた場合	「突然のお願いで恐れ入りますが」
	「急にご無理を申しまして」
	「もっと早くにご相談申し上げるべきところでございましたが」
	「差し迫ってのことでまことに申し訳ございませんが」
何度もお願いする場合	「たびたびお手数をおかけしまして恐縮に存じますが」
	「重ね重ね恐縮に存じますが」
	「何度もお手を煩わせまして申し訳ございませんが」
	「ご面倒をおかけしてばかりで，まことに申し訳ございませんが」
難しいお願いをする場合	「ご無理を承知でお願いしたいのですが」
	「たいへん申し上げにくいのですが」
	「折り入ってお願いしたいことがございまして」
あまり親しくない相手に お願いする場合	「ぶしつけなお願いで恐縮ですが」
	「ぶしつけながら」
	「まことに厚かましいお願いでございますが」
相手の提案・誘いを断る場合	「申し訳ございませんが」
	「（まことに）残念ながら」
	「せっかくのご依頼ではございますが」
	「たいへん恐縮ですが」
	「身に余るお言葉ですが」
	「まことに失礼とは存じますが」
	「たいへん心苦しいのですが」
	「お引き受けしたいのはやまやまですが」
問い合わせの場合	「つかぬことをうかがいますが」
	「突然のお尋ねで恐縮ですが」

ここでは文章の書き方における，一般的な敬称について言及している。はがき，手紙，メール等，通信手段はさまざま。それぞれの特性をふまえて有効活用しよう。

相手の気持ちになって
見やすく美しく書こう

■敬称のいろいろ

敬称	使う場面	例
様	職名・役職のない個人	（例）飯田知子様／ご担当者様／経理部長　佐藤一夫様
殿	職名・組織名・役職のある個人（公用文など）	（例）人事部長殿／教育委員会殿／田中四郎殿
先生	職名・役職のない個人	（例）松井裕子先生
御中	企業・団体・官公庁などの組織	（例）○○株式会社御中
各位	複数あてに同一文書を出すとき	（例）お客様各位／会員各位

Point

　封筒・はがきの表書き・裏書きは縦書きが基本だが，洋封筒で親しい人にあてる場合は，横書きでも問題ない。いずれにせよ，定まった位置に，丁寧な文字でバランス良く，正確に記すことが大切。特に相手の住所や名前を乱雑な文字で書くのは，配達の際の間違いを引き起こすだけでなく，受け取る側に不快な思いをさせる。相手の気持ちになって，見やすく美しく書くよう心がけよう。

■各通信手段の長所と短所

	長所	短所	用途
封書	・封を開けなければ本人以外の目に触れることがない。 ・丁寧な印象を受ける。	・多量の資料・画像送付には不向き。 ・相手に届くまで時間がかかる。	・儀礼的な文書(礼状・わび状など) ・目上の人あての文書 ・重要な書類 ・他人に内容を読まれたくない文書
はがき・カード	・封書よりも気軽にやり取りできる。 ・年賀状や季節の便り,旅先からの連絡など絵はがきとしても楽しむことができる。	・封に入っていないため,第三者の目に触れることがある。 ・中身が見えるので,改まった礼状やわび状,こみ入った内容には不向き。 ・相手に届くまで時間がかかる。	・通知状　　　・案内状 ・送り状　　　・旅先からの便り ・各種お祝い　・お礼 ・季節の挨拶
FAX	・手書きの図やイラストを文章といっしょに送れる。 ・すぐに届く。 ・控えが手元に残る。	・多量の資料の送付には不向き。 ・事務的な用途で使われることが多く,改まった内容の文書,初対面の人へは不向き。	・地図,イラストの入った文書 ・印刷物(本・雑誌など)
電話	・急ぎの連絡に便利。 ・相手の反応をすぐに確認できる。 ・直接声が聞けるので,安心感がある。	・連絡できる時間帯が制限される。 ・長々としたこみ入った内容は伝えづらい。	・緊急の用件 ・確実に用件を伝えたいとき
メール	・瞬時に届く。　・控えが残る。 ・コストが安い。 ・大容量の資料や画像をデータで送ることができる。 ・一度に大勢の人に送ることができる。 ・相手の居場所や状況を気にせず送れる。	・事務的な印象を与えるので,改まった礼状やわび状には不向き。 ・パソコンや携帯電話を持っていない人には送れない。 ・ウィルスなどへの対応が必要。	・データで送りたいとき ・ビジネス上の連絡

Point

　はがきは手軽で便利だが,おわびやお願い,格式を重んじる手紙には不向きとなる。この種の手紙は内容もこみ入ったものとなり,加えて丁寧な文章で書かなければならないので,数行で済むことはまず考えられない。また,封筒に入っていないため,他人の目に触れるという難点もある。このように,はがきにも長所と短所があるため,使う場面や相手によって,他の通信手段と使い分けることが必要となる。

　はがき以外にも,封書・電話・FAX・メールなど,現代ではさまざまな通信手段がある。上に示したように,それぞれ長所と短所があるので,特徴を知って用途によって上手に使い分けよう。

　社会人のマナーとして，電話応対のスキルは必要不可欠。まずは失礼なく電話に出ることからはじめよう。積極性が重要だ。

相手の顔が見えない分
対応には細心の注意を

■電話をかける場合

①　○○先生に電話をする

×「私，□□社の××と言いますが，○○様はおられますでしょうか？」
○「××と申しますが，○○様はいらっしゃいますか？」

「おられますか」は「おる」を謙譲語として使うため，通常は相手がいるかどうかに関しては，「いらっしゃる」を使うのが一般的。

②　相手の状況を確かめる

×「こんにちは，××です，先日のですね…」
○「××です，先日は有り難うございました，今お時間よろしいでしょうか？」

　相手が忙しくないかどうか，状況を聞いてから話を始めるのがマナー。また，やむを得ず夜間や早朝，休日などに電話をかける際は，「夜分（朝早く）に申し訳ございません」「お休みのところ恐れ入ります」などのお詫びの言葉もひと言添えて話す。

③　相手が不在，何時ごろ戻るかを聞く場合

×「戻りは何時ごろですか？」
○「何時ごろお戻りになりますでしょうか？」

「戻り」はそのままの言い方，相手にはきちんと尊敬語を使う。

④　また自分からかけることを伝える

×「そうですか，ではまたかけますので」
○「それではまた後ほど（改めて）お電話させていただきます」

　戻る時間がわかる場合は，「またお戻りになりましたころにでも」「また午後にでも」などの表現もできる。

■電話を受ける場合

① 電話を取ったら

× 「はい，もしもし，○○（社名）ですが」

○ **「はい，○○（社名）でございます」**

② 相手の名前を聞いて

× 「どうも，どうも」

○ **「いつもお世話になっております」**

　あいさつ言葉として定着している決まり文句ではあるが，日頃のお付き合いがあってこそ。あいさつ言葉もきちんと述べよう。「お世話様」という言葉も時折耳にするが，敬意が軽い言い方となる。適切な言葉を使い分けよう。

③ 相手が名乗らない

× 「どなたですか？」「どちらさまですか？」

○ **「失礼ですが，お名前をうかがってもよろしいでしょうか？」**

　名乗るのが基本だが，尋ねる態度も失礼にならないように適切な応対を心がけよう。

④ 電話番号や住所を教えてほしいと言われた場合

× 「はい，いいでしょうか？」　　× 「メモのご用意は？」

○ **「はい，申し上げます，よろしいでしょうか？」**

　「メモのご用意は？」は，一見親切なようにも聞こえるが，尋ねる相手も用意していることがほとんど。押し付けがましくならない程度に。

⑤ 上司への取次を頼まれた場合

× 「はい，今代わります」　　× 「○○部長ですね，お待ちください」

○ **「部長の○○でございますね，ただいま代わりますので，少々お待ちくださいませ」**

　○○部長という表現は，相手側の言い方となる。自分側を述べる場合は，「部長の○○」「○○」が適切。

Point

　自分から電話をかける場合は，まずは自分の会社名や氏名を名乗るのがマナー。たとえ目的の相手が直接出た場合でも，電話では相手の様子が見えないことがほとんど。自分の勝手な判断で話し始めるのではなく，相手の都合を伺い，そのうえで話を始めるのが社会人として必要な気配りとなる。

デキるオトナをアピール
時候の挨拶

月	漢語調の表現 候，みぎりなどを付けて用いられます	口語調の表現
1月 （睦月）	初春・新春・頌春 小寒・大寒・厳寒	皆様におかれましては，よき初春をお迎えのことと存じます／厳しい寒さが続いております／珍しく暖かな寒の入りとなりました／大寒という言葉通りの厳しい寒さでございます
2月 （如月）	春寒・余寒・残寒・ 立春・梅花・向春	立春とは名ばかりの寒さ厳しい毎日でございます／梅の花もちらほらとふくらみ始め，春の訪れを感じる今日この頃です／春の訪れが待ち遠しいこのごろでございます
3月 （弥生）	早春・浅春・春寒・ 春分・春暖	寒さもようやくゆるみ，日ましに春めいてまいりました／ひと雨ごとに春めいてまいりました／日増しに暖かさが加わってまいりました
4月 （卯月）	春暖・陽春・桜花・ 桜花爛漫	桜花爛漫の季節を迎えました／春光うららかな好季節となりました／花冷えとでも申しましょうか，何だか肌寒い日が続いております
5月 （皐月）	新緑・薫風・惜春・ 晩春・立夏・若葉	風薫るさわやかな季節を迎えました／木々の緑が目にまぶしいようでございます／目に青葉，山ほととぎす，初鰹の句も思い出される季節となりました
6月 （水無月）	梅雨・向暑・初夏・ 薄暑・麦秋	初夏の風もさわやかな毎日でございます／梅雨前線が近づいてまいりました／梅雨の晴れ間にのぞく青空は，まさに夏を思わせるようです
7月 （文月）	盛夏・大暑・炎暑・ 酷暑・猛暑	梅雨が明けたとたん，うだるような暑さが続いております／長い梅雨も明け，いよいよ本格的な夏がやってまいりました／風鈴の音がわずかに涼を運んでくれているようです
8月 （葉月）	残暑・晩夏・処暑・ 秋暑	立秋とはほんとうに名ばかりの厳しい暑さの毎日です／残暑たえがたい毎日でございます／朝夕はいくらかしのぎやすくなってまいりました
9月 （長月）	初秋・新秋・爽秋・ 新涼・清涼	九月に入りましてもなお，日差しの強い毎日です／暑さもやっとおとろえはじめたようでございます／残暑も去り，ずいぶんとしのぎやすくなってまいりました
10月 （神無月）	清秋・錦秋・秋涼・ 秋冷・寒露	秋風もさわやかな過ごしやすい季節となりました／街路樹の葉も日ごとに色を増しております／紅葉の便りの聞かれるころとなりました／秋深く，日増しに冷気も加わってまいりました
11月 （霜月）	晩秋・暮秋・霜降・ 初霜・向寒	立冬を迎え，まさに冬到来を感じる寒さです／木枯らしの季節になりました／日ごとに冷気が増すようでございます／朝夕はひときわ冷え込むようになりました
12月 （師走）	寒冷・初冬・師走・ 歳晩	師走を迎え，何かと慌ただしい日々をお過ごしのことと存じます／年の瀬も押しつまり，何かとお忙しくお過ごしのことと存じます／今年も残すところわずかとなりました，お忙しい毎日とお察しいたします

いますぐデキる
シチュエーション別会話例

シチュエーション1　取引先との会話

「非常に素晴らしいお話で感心しました」→NG！

　「感心する」は相手の立派な行為や，優れた技量などに心を動かされるという意味。意味としては間違いではないが，目上の人に用いると，偉そうに聞こえかねない表現。「感動しました」などに言い換えるほうが好ましい。

シチュエーション2　子どもとの会話

「お母さんは，明日はいますか？」→NG！

　たとえ子どもとの会話でも，子どもの年齢によっては，ある程度の敬語を使うほうが好ましい。「明日はいらっしゃいますか」では，むずかしすぎると感じるならば，「お出かけですか」などと表現することもできる。

シチュエーション3　同僚との会話

「今，お暇ですか」→NG？

　同じ立場同士なので，暇に「お」が付いた形で「お暇」ぐらいでも構わないともいえるが，「暇」というのは，するべきことも何もない時間という意味。そのため「お暇ですか」では，あまりにも直接的になってしまう。その意味では「手が空いている」→「空いていらっしゃる」→「お手透き」などに言い換えることで，やわらかく敬意も含んだ表現になる。

シチュエーション4　上司との会話

「なるほどですね」→NG！

　「なるほど」とは，相手の言葉を受けて，自分も同意見であることを表すため，相手の言葉・意見を自分が評価するというニュアンスも含まれている。そのため自分が評価して述べているという偉そうな表現にもなりかねない。同じ同意ならば，頷き「おっしゃる通りです」などの言葉のほうが誤解なく伝わる。

就活スケジュールシート

■年間スケジュールシート

1月	2月	3月	4月	5月	6月
企業関連スケジュール					
自己の行動計画					

就職活動をすすめるうえで，当然重要になってくるのは，自己のスケジュール管理だ。企業の選考スケジュールを把握することも大切だが，自分のペースで進めることになる自己分析や業界・企業研究，面接試験のトレーニング等の計画を立てることも忘れてはいけない。スケジュールシートに「記入」する作業を通して，短期・長期の両方の面から就職試験を考えるきっかけにしよう。

7月	8月	9月	10月	11月	12月
企業関連スケジュール					
自己の行動計画					

●情報提供のお願い●

就職活動研究会では，就職活動に関する情報を募集しています。

エントリーシートやグループディスカッション，面接，筆記試験の内容等について情報をお寄せください。ご応募はメールアドレス（edit@kyodo-s.jp）へお願いいたします。お送りくださいました方々には薄謝をさしあげます。

ご協力よろしくお願いいたします。

会社別就活ハンドブックシリーズ

みずほFGの
就活ハンドブック

編　者	就職活動研究会
発　行	令和6年2月25日
発行者	小貫輝雄
発行所	協同出版株式会社

〒101-0054
東京都千代田区神田錦町2-5
電話　03-3295-1341
振替　東京00190-4-94061

印刷所　協同出版・POD工場

落丁・乱丁はお取り替えいたします

●2025年度版●
会社別就活ハンドブックシリーズ
【全111点】

運　輸

東日本旅客鉄道の就活ハンドブック	小田急電鉄の就活ハンドブック
東海旅客鉄道の就活ハンドブック	阪急阪神 HD の就活ハンドブック
西日本旅客鉄道の就活ハンドブック	商船三井の就活ハンドブック
東京地下鉄の就活ハンドブック	日本郵船の就活ハンドブック

機　械

三菱重工業の就活ハンドブック	浜松ホトニクスの就活ハンドブック
川崎重工業の就活ハンドブック	村田製作所の就活ハンドブック
IHI の就活ハンドブック	クボタの就活ハンドブック
島津製作所の就活ハンドブック	

金　融

三菱 UFJ 銀行の就活ハンドブック	野村證券の就活ハンドブック
三菱 UFJ 信託銀行の就活ハンドブック	りそなグループの就活ハンドブック
みずほ FG の就活ハンドブック	ふくおか FG の就活ハンドブック
三井住友銀行の就活ハンドブック	日本政策投資銀行の就活ハンドブック
三井住友信託銀行の就活ハンドブック	

建設・不動産

三菱地所の就活ハンドブック	鹿島建設の就活ハンドブック
三井不動産の就活ハンドブック	大成建設の就活ハンドブック
積水ハウスの就活ハンドブック	清水建設の就活ハンドブック
大和ハウス工業の就活ハンドブック	

資源・素材

旭旭化成グループの就活ハンドブック	関西電力の就活ハンドブック
東レの就活ハンドブック	日本製鉄の就活ハンドブック
ワコールの就活ハンドブック	中部電力の就活ハンドブック

九州電力の就活ハンドブック

自動車

トヨタ自動車の就活ハンドブック

本田技研工業の就活ハンドブック

デンソーの就活ハンドブック

日産自動車の就活ハンドブック

商　社

三菱商事の就活ハンドブック

住友商事の就活ハンドブック

丸紅の就活ハンドブック

三井物産の就活ハンドブック

伊藤忠商事の就活ハンドブック

双日の就活ハンドブック

豊田通商の就活ハンドブック

情報通信・IT

NTT データの就活ハンドブック

NTT ドコモの就活ハンドブック

野村総合研究所の就活ハンドブック

日本電信電話の就活ハンドブック

KDDI の就活ハンドブック

ソフトバンクの就活ハンドブック

楽天の就活ハンドブック

mixi の就活ハンドブック

グリーの就活ハンドブック

サイバーエージェントの就活ハンドブック

LINE ヤフーの就活ハンドブック

SCSK の就活ハンドブック

富士ソフトの就活ハンドブック

日本オラクルの就活ハンドブック

GMO インターネットグループ

オービックの就活ハンドブック

DTS の就活ハンドブック

TIS の就活ハンドブック

食品・飲料

サントリー HD の就活ハンドブック

味の素の就活ハンドブック

キリン HD の就活ハンドブック

アサヒグループ HD の就活ハンドブック

日本たばこ産業 の就活ハンドブック

日清食品グループの就活ハンドブック

山崎製パンの就活ハンドブック

キユーピーの就活ハンドブック

生活用品

資生堂の就活ハンドブック

花王の就活ハンドブック

武田薬品工業の就活ハンドブック

電気機器

三菱電機の就活ハンドブック	パナソニックの就活ハンドブック
ダイキン工業の就活ハンドブック	富士通の就活ハンドブック
ソニーの就活ハンドブック	キヤノンの就活ハンドブック
日立製作所の就活ハンドブック	京セラの就活ハンドブック
ＮＥＣの就活ハンドブック	オムロンの就活ハンドブック
富士フイルム HD の就活ハンドブック	キーエンスの就活ハンドブック

保　険

東京海上日動火災保険の就活ハンドブック	三井住友海上火災保険の就活ハンドブック
第一生命ホールディングスの就活ハンドブック	損保ジャパンの就活ハンドブック

メディア

日本印刷の就活ハンドブック	エイベックスの就活ハンドブック
博報堂 DY の就活ハンドブック	東宝の就活ハンドブック
TOPPAN ホールディングスの就活ハンドブック	

流通・小売

ニトリ HD の就活ハンドブック	ZOZO の就活ハンドブック
イオンの就活ハンドブック	

エンタメ・レジャー

オリエンタルランドの就活ハンドブック	任天堂の就活ハンドブック
アシックスの就活ハンドブック	カプコンの就活ハンドブック
バンダイナムコ HD の就活ハンドブック	セガサミー HD の就活ハンドブック
コナミグループの就活ハンドブック	タカラトミーの就活ハンドブック
スクウェア・エニックス HD の就活ハンドブック	

▼会社別就活ハンドブックシリーズにつきましては，協同出版
のホームページからもご注文ができます。詳細は下記のサイ
トでご確認下さい。

https://kyodo-s.jp/examination_company